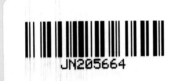

図解ポケット

Shuwasystem
A book to explain
with figure
: Library

SDGs《エスディージーズ》がよくわかる本

松原恭司郎 著

秀和システム

はじめに

本書は、SDGs（持続可能な開発目標）について、ビジネスパーソンを対象に、その本質や、17の目標の内容と、日本の進捗状況などを解説したものです。

（1）SDGsの広まり

国連で2015年に採択された「2030アジェンダ」とその一部であるSDGsは、

・日本政府や自治体による政策への取り込み

・小中高校生を対象としたESD（持続可能な開発のための教育）の広まり

・経団連の企業行動憲章の改訂版への反映

・GPIF（年金積立金管理運用独立行政法人）をはじめとする機関投資家のESG投資へのシフト

などから、日本でも2018年頃から認知度が徐々に高まっています。

（2）本書のターゲットと特徴

本書はビジネスパースンをはじめとする企業のステークホルダーを読者対象とし、次のような特徴を持っています。

①17の目標を様々な視点から網羅的に概説。

②17の目標の中身（ターゲット・レベル）まで踏み込んだ解説で、理解の促進と実践を支援。

・17目標の背景にある事実を確認

・169のターゲットをMapで見える化

・日本の取組状況とビジネスとの接点

③SDGsを戦略に組み込むアプローチを紹介。

本書の全般を通じて、解説と図表のセットによる見開き形式を採用し、徹底したわかりやすさを追求しています。

さあ、このアグレッシブな2030ゴールに向けて、SDGsをクリアに理解し、イノベーションを生み見出し、SDGsの達成に向けて前進していきましょう。

2019年11月　松原恭司郎

CONTENTS

図解ポケット SDGsがよくわかる本

はじめに……3

CHAPTER 1 企業はなぜSDGsを戦略に取り込むべきなのか

1 SDGsってなに　…混同からのスタート……10
2 MDGsからSDGsへ……12
3 SDGsを後押しするムーブメント1（ステークホルダーの眼）……14
4 SDGsを後押しするムーブメント2（ルール編）……16
5 SDGsとESG投資の関係……18
6 SDGsの達成を支えるビジネス・コンセプト……20
7 SDGsの取組に有効な思考法……22
コラム1　SDGsウオッシュに注意……24

CHAPTER 2 SDGsの17の目標を複数の視点から分析する

1 アイコンは馴染みやすいのにハードルが高いSDGs……26
2 2030アジェンダとSDGsの構造を確認しよう……28
3 SDGsの5つの重要領域（5つのP）……30
4 SDGsは三層構造で目標を明確に示す……32
5 MDGsとの比較から見えてくるもの……34
6 国連他発行のフレームワークを積極活用しよう……36
7 SDGs達成状況のモニタリングからビジネスチャンスをつかめ……38
8 日本政府の「SDGs実施指針」……40
9 ビジネスは何を重要目標と見ているか……42
10 SDGsの17の目標の不可分性……44
コラム2　SDGsを通して世界を知ろう……46

CHAPTER 3 SDGsの17の目標をターゲット・レベルで深堀する

1 貧困についての事実と数字（目標1：貧困をなくそう①）……50

2 ターゲットMap（目標1：貧困をなくそう②）……52
3 日本とビジネス（目標1：貧困をなくそう③）……54
4 飢餓についての事実と数字（目標2：飢餓をゼロに①）……56
5 ターゲットMap（目標2：飢餓をゼロに②）……58
6 日本とビジネス（目標2：飢餓をゼロに③）……60
7 健康と福祉についての事実と数字（目標3：すべての人に健康と福祉を①）……62
8 ターゲットMap（目標3：すべての人に健康と福祉を②）……64
9 日本とビジネス（目標3：すべての人に健康と福祉を③）……66
10 教育についての事実と数字（目標4：質の高い教育をみんなに①）……68
11 ターゲットMap（目標4：質の高い教育をみんなに②）……70
12 日本とビジネス（目標4：質の高い教育をみんなに③）……72
13 ジェンダー平等についての事実と数字（目標5：ジェンダー平等を実現しよう①）……74
14 ターゲットMap（目標5：ジェンダー平等を実現しよう②）……76
15 日本とビジネス（目標5：ジェンダー平等を実現しよう③）……78
16 安全な水とトイレについての事実と数字（目標6：安全な水とトイレを世界中に①）……80
17 ターゲットMap（目標6：安全な水とトイレを世界中に②）……82
18 日本とビジネス（目標6：安全な水とトイレを世界中に③）……84
19 エネルギーについての事実と数字（目標7：エネルギーをみんなにそしてクリーンに①）……86
20 ターゲットMap（目標7：エネルギーをみんなにそしてクリーンに②）……88
21 日本とビジネス（目標7：エネルギーをみんなにそしてクリーンに③）……90
22 働きがいと経済成長についての事実と数字（目標8：働きがいも経済成長も①）……92
23 ターゲットMap（目標8：働きがいも経済成長も②）……94
24 日本とビジネス（目標8：働きがいも経済成長も③）……96

25 産業と技術革新についての事実と数字（目標9：産業と技術革新の基盤をつくろう①）…… 98
26 ターゲットMap（目標9：産業と技術革新の基盤をつくろう②）…… 100
27 日本とビジネス（目標9：産業と技術革新の基盤をつくろう③）…… 102
28 人や国の不平等についての事実と数字（目標10：人や国の不平等をなくそう①）…… 104
29 ターゲットMap（目標10：人や国の不平等をなくそう②）…… 106
30 日本とビジネス（目標10：人や国の不平等をなくそう③）…… 108
31 まちづくりについての事実と数字（目標11：住み続けられるまちづくりを①）…… 110
32 ターゲットMap（目標11：住み続けられるまちづくりを②）…… 112
33 日本とビジネス（目標11：住み続けられるまちづくりを③）…… 114
34 つくる責任つかう責任についての事実と数字（目標12：つくる責任つかう責任①）…… 116
35 ターゲットMap（目標12：つくる責任つかう責任②）…… 118
36 日本とビジネス（目標12：つくる責任つかう責任③）…… 120
37 気候変動についての事実と数字（目標13：気候変動に具体的な対策を①）…… 122
38 ターゲットMap（目標13：気候変動に具体的な対策を②）…… 124
39 日本とビジネス（目標13：気候変動に具体的な対策を③）…… 126
40 海の豊かさについての事実と数字（目標14：海の豊かさを守ろう①）…… 128
41 ターゲットMap（目標14：海の豊かさを守ろう②）…… 130
42 日本とビジネス（目標14：海の豊かさを守ろう③）…… 132
43 陸の豊かさについての事実と数字（目標15：陸の豊かさも守ろう①）…… 134
44 ターゲットMap（目標15：陸の豊かさも守ろう②）…… 136
45 日本とビジネス（目標15：陸の豊かさも守ろう③）…… 138

46 平和と公正についての事実と数字（目標16：平和と公正をすべての人に①）……140
47 ターゲットMap（目標16：平和と公正をすべての人に②）……142
48 日本とビジネス（目標16：平和と公正をすべての人に③）……144
49 パートナーシップについての事実と数字（目標17：パートナーシップで目標を達成しよう①）……146
50 ターゲットMap（目標17：パートナーシップで目標を達成しよう②）……148
51 日本とビジネス（目標17：パートナーシップで目標を達成しよう③）……150
コラム3 個人とビジネスのSDGs対応……152

CHAPTER 4 SDGsを戦略に取り込むアプローチとツール

1 CSVの視点を取込む…価値創造の3つのレベル……154
2 戦略へのSDGsの組み込み……156
3 SDGsインパクト領域の棚卸し…バリューチェーン・マッピング……158
4 SDGsと指標の選定…ロジックモデル……160
5 SDGsにおける優先順位の特定…マテリアリティ・マトリックス……162
6 SDGs対応の戦略ストーリーの見える化…戦略マップ……164
7 製品／サービスの開発で共通価値を創造する……166
8 バリューチェーンの改善・改革で共通価値を創造する……168
9 地域エコシステムの支援で共通価値を創造する……170
10 SDGsのコミュニケーション…統合報告書……172
コラム4 おすすめサイト……174

巻末資料

資料1 SDGs目標別ターゲット・指標一覧……176
資料2 MDGs目標とターゲット一覧……210
参考文献……212
索引……213

chapter 1

企業はなぜSDGsを戦略に取り込むべきなのか

ビジネス環境は急速に変化しており、企業が経済的価値のみを追求する時代は終焉をむかえています。企業が国連の「2030アジェンダ」が示す、経済・社会・環境の三つの側面を統合的捉えて活動することの重要性を確認します。

CHAPTER 1

1

SDGsってなに：混同からのスタート

SDGsは新しいものではない?

・近江商人の「三方良し」ではないのか?

・前からやっていたこととどこが違うのか?

・むしろ日本企業が得意とする領域ではないか?

・**CSR**（企業の社会的責任）、環境経営、CSV（共通価値の創造）など、社会や環境の重要性は認識してきたし、当社にもCSR部署があり、取り組んでもきているのだが。……これらは、図の左側に示したコンセプトのレベルのお話です。

国連のアジェンダの固有名詞

一方で、本書のテーマである「**SDGs**（Sustainable Development Goals：**持続可能な開発目標**）」とは、２０１５年９月に開催された国連の「持続可能な開発サミット」で**２０３０アジェンダ**として採択された文書に掲載された一連の目標を指します。

その２０３０アジェンダには、前文、宣言に加えて、「持続可能な開発目標（SDGs）とターゲット」他が記載されており、SDGsは厳密にいえば、この目標とターゲットのことを指します。本来、SDGsとは世界が２０３０年に達成すべき具体的な目標を17の**目標（Goals）**、１６９の**ターゲット（Targets）**で示した国連の文書なのです。

別途、モニタリングのために、２０１６年に国連統計局から、２３２の**指標（Indicators）**が公表されています。……SDGsはいわば固有名詞なのです。

figure

SDGsとは何か

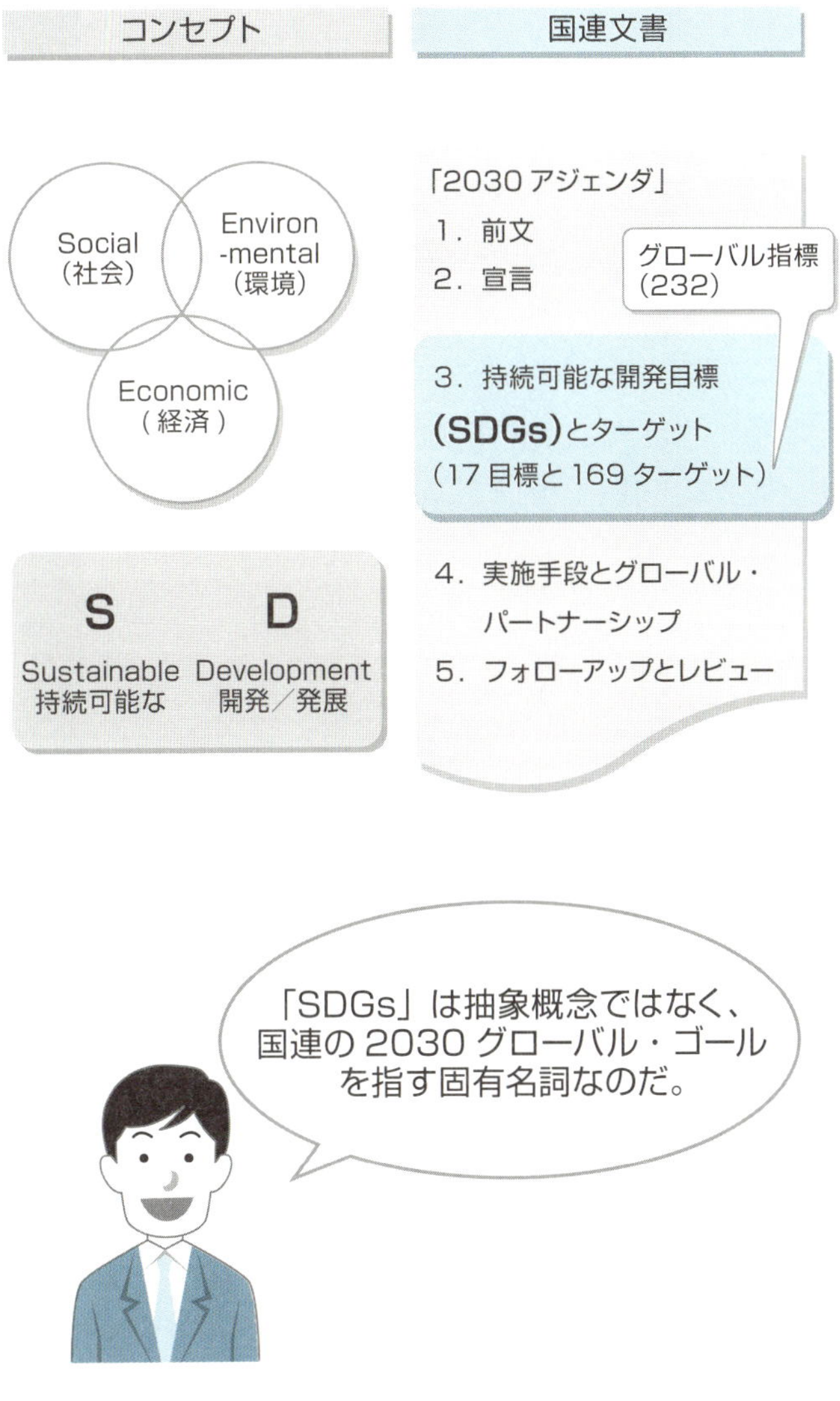

CHAPTER 1
2

MDGsからSDGsへ

2030年に向けた国連のSDGs

2030アジェンダとSDGs（本書では、特別な断りがない場合、以降SDGsと総称します）は、2015年9月の「**国連持続可能な開発サミット**」で採択された国連が主導するグローバルな取組です。あらゆる貧困に終止符を打つことを究極の目的として、その期間は2016年~2030年を対象としています。

前身であるMDGsの継承と発展

SDGsの前身として、2000年の「**国連ミレニアムサミット**」で採択された「**MDGs**（Millennium Development Goals：**ミレニアム開発目標**）」があります。SDGsは、その後継にあたります。

両者を比較すると、MDGsが発展途上国を対象としていたのに対して、SDGsは先進国も対象に含めています。その対象範囲も、経済・社会・環境と幅広く、詳細な重要課題への対応を目指すグローバル・アジェンダである点に特徴があります。

本書では、このMDGsとSDGsとのつながりを重視しており、本書の全編を通して確認しています。2-5節では、MDGsとSDGsを目標レベルで比較分析しています。さらに、3章では、SDGsの17の目標ごとにMDGsとの係わりについて解説し、MDGsでは何が達成され、何が未達に終わり、それらがSDGsにどのように引き継がれているかについて紹介します。

figure

MDGsからSDGsへ

MDGs（ミレニアム開発目標）	項目	SDGs（持続可能な開発目標）
2001～2015年	対象期間	2016～2030年
「国連ミレニアムサミット」2000年	国連採択	「国連持続可能な開発サミット」2015年
国連主導の貧困撲滅を究極の目的とするグローバルな取組み	目的	「あらゆる形態の貧困に終止符を打つ」ことを目的とする行動計画
発展途上国	対象地域	先進国も含むグローバル
目標8、ターゲット21、指標60	構造	目標17、ターゲット169、指標232
グローバル指標を用いる	モニタリング	グローバル指標を用いる

MDGsの実績と経験の上にSDGsがある。

CHAPTER 1 3

SDGsを後押しするムーブメント1（ステークホルダーの眼）

注がれるステークホルダーの眼

国連で2015年に採択されたSDGs（持続可能な開発目標）は、日本でも2018年頃から認知度が徐々に高まりを見せています。

ステークホルダーの関心の高まり

企業を取り巻く**ステークホルダー**の眼が、SDGsに向き始めています。

①**投資家**：投資家は、資金の提供者として企業価値を最終的に左右する存在です。GPIF（年金積立金管理運用独立行政法人）による「ESG投資」や「グリーンボンド」などSDGsへの貢献を評価に加える動きが高まっています。

②**顧客と一般市民**：最終顧客と一般市民は企業に収益をもたらし、ブランドアイデンティティの決定権を握る存在です。気候変動や海洋ゴミ、そしてジェンダー平等など重要な社会、環境問題への関心が高まってきています。

③**政府および企業監視機関**：SDGsについては、政府、地方自治体が積極的に推進し始め、そしてNGOなどが強い関心を持ち始めています。

④**従業員**：SDGsへの貢献のアクティビティは、勤務先に対する誇りを抱き、ロイヤルティの向上につながります。

さらに、学校教育における**ESD**（持続可能な開発のための教育）の広まりは、次のステークホルダーとなる世代に新たな価値観を育てていくでしょう。

figure

SDGsを後押しするステークホルダーの眼

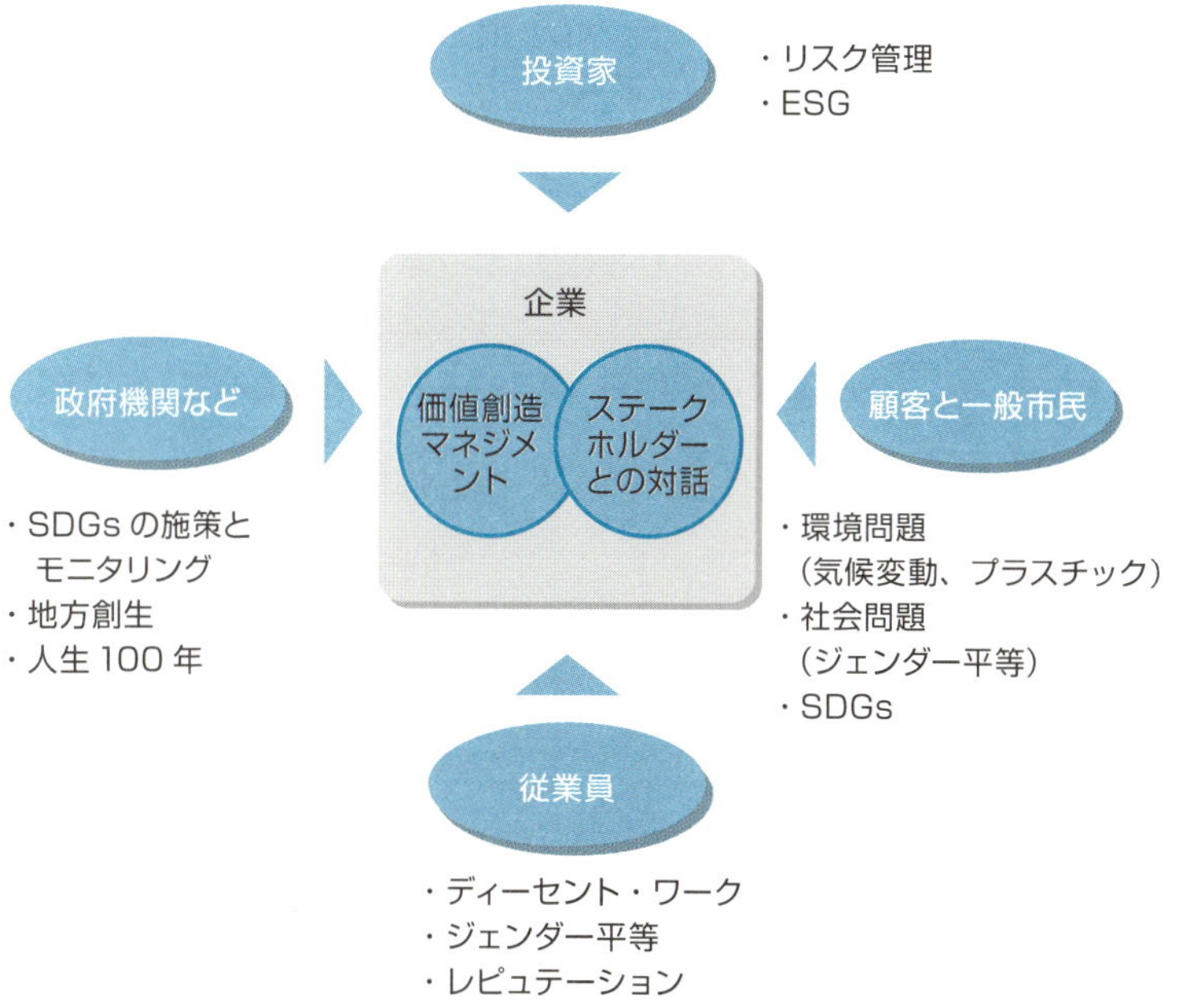

SDGsを後押しするムーブメント2（ルール編）

世界のSDGsムーブメント

①**環境と社会重視のビジネスへの舵取り**：ビジネスの領域では、すでに2000年前後から、TBL（トリプル・ボトムライン）、CSR（企業の社会的責任）、そしてCSV（共通価値の創造）といった考えが提唱され、社会と環境への意識が高まっていました。そしてSDGsの登場が、社会と環境重視の経営へとギア・チェンジを促す大きなドライバーになっています。

②**長中期の投資とESG要素への配慮**：金融市場では、機関投資家が、ESG（環境・社会・ガバナンス）要素に配慮した投資に力を入れるようになってきています。

日本国内のSDGsムーブメント

①**日本政府の積極的な対応**：2016年には内閣府に首相をトップとする「SDGs推進本部」が設置され、政府、関係官庁に加えて地方自治体がSDGsを積極的に政策に反映し始めています。また、国民の年金を預かるGPIF（年金積立金管理運用独立行政法人）は、2017年からESG投資をスタートさせました。

②**民間企業も動き始めた**：日本経済団体連合会は、SDGsを前面に打ち出した「企業行動憲章2017」を公表し、民間企業の間では、社会・環境に係わるこの一連のムーブメントを積極的に生かそうとする機運が高まり始めています。

figure

SDGsとESGに係わるグローバルと国内の動き

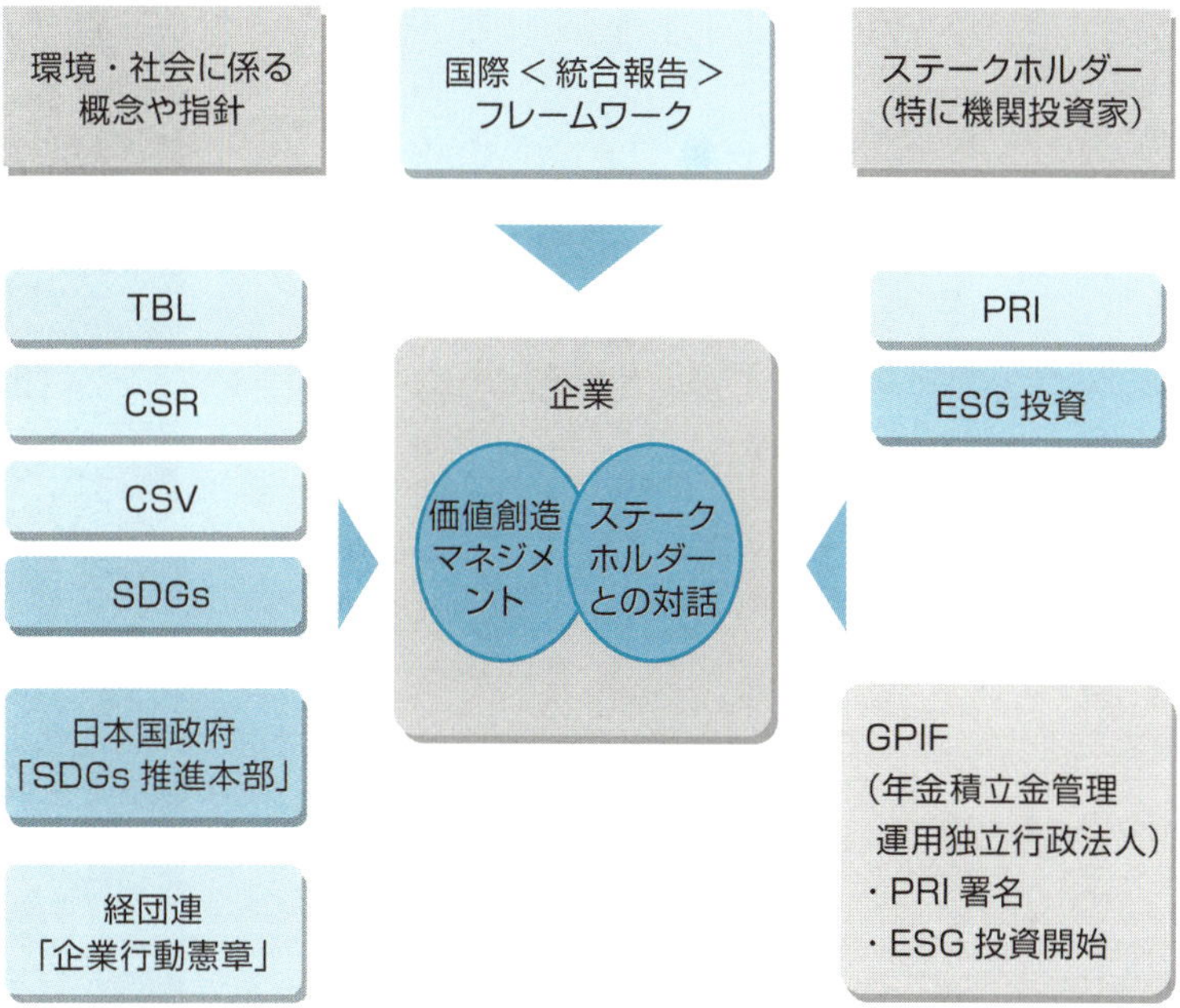

CHAPTER 1　5

SDGsとESG投資の関係

ESG投資

　金融市場では、２００８年に起きたリーマン・ショックと呼ばれる金融危機の原因の一つに短期志向の経営と投資があるとされ、その反省などから、機関投資家を中心に**ＥＳＧ投資**に力を入れるようになってきています。

　ここで、**ＥＳＧ**とは、Ｅ（Environment、環境）、Ｓ（Social、社会）、Ｇ（Governance、ガバナンス）の頭文字をとった用語です。ここでガバナンスとは、企業価値を高める前提となる規律やインセンティブが働く仕組みを指します。

　ＥＳＧ投資は、このＥＳＧに関する情報（ＥＳＧ要因、ＥＳＧ要素と呼んでいます）を投資の分析と意思決定のプロセスに適切に組み込んだ投資を意味し、アセットオーナーなど機関投資家に急速に受け入れられるようになっています。

責任投資原則

　コフィー・アナン第7代国連事務総長の提唱のもと、２００６年に発表された投資家イニシアチブに**責任投資原則（ＰＲＩ）**があります。

　日本のＧＰＩＦ（年金積立金管理運用独立行政法人）は、２０１５年にこのＰＲＩに署名し、２０１７年にはＥＳＧ投資をスタートさせました。これが日本におけるＥＳＧ投資へのムーブメントを決定づけたといわれています。

figure

ESG投資とインベストメント・チェーン

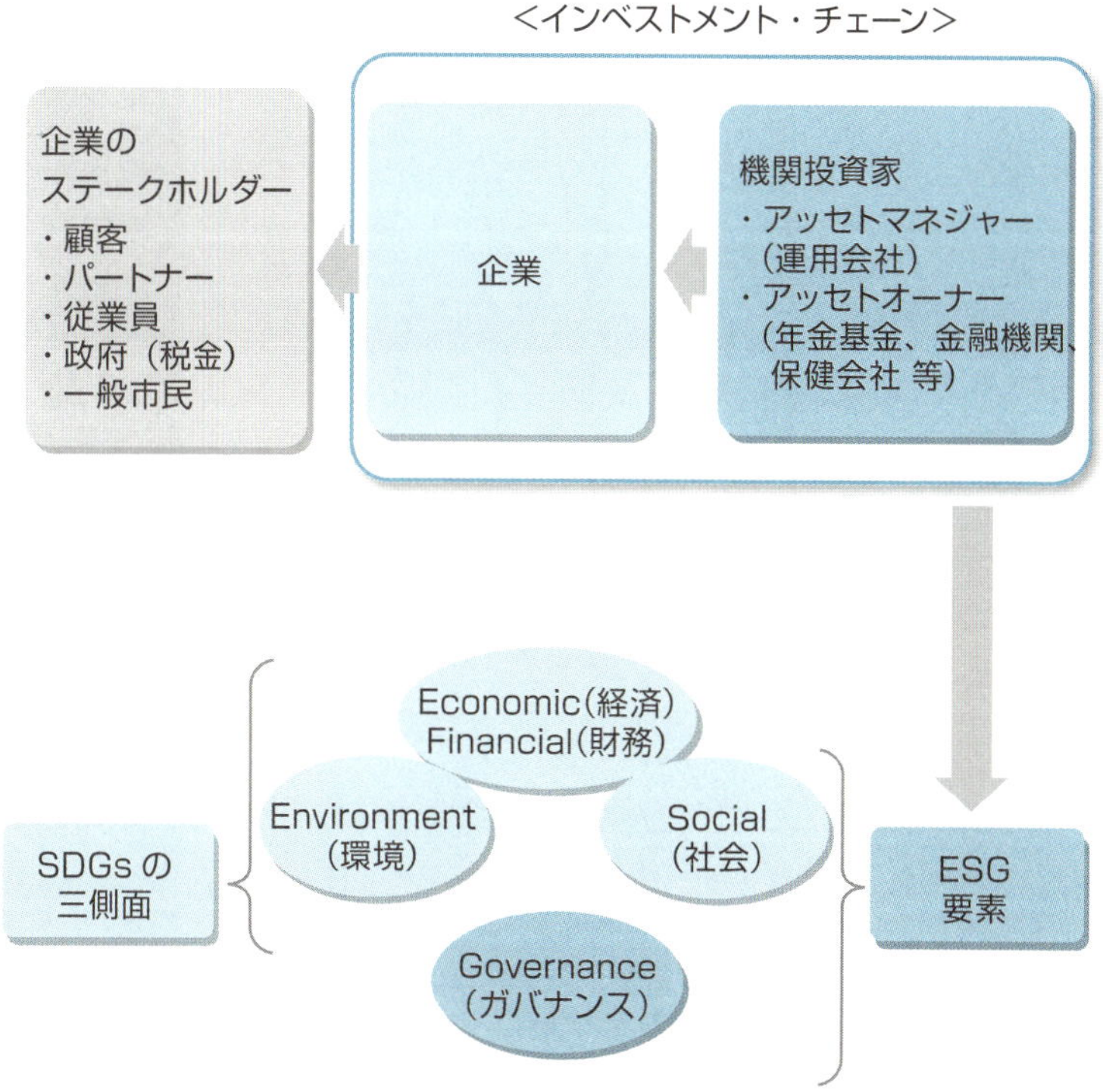

CHAPTER 1
6

SDGsの達成を支えるビジネス・コンセプト

企業の社会的責任の重要性は、2000年ごろから提唱されていました。ここでは重要な三つのコンセプトを確認しておくことにしましょう。

TBL（トリプル・ボトムライン）

財務上の利益は損益計算書の最終行に示されるため「ボトムライン」と呼んでいます。企業が持続可能であるためには、この財務（経済）に加えて、社会、環境を含めたトリプル（三重）の重要項目を注視すべきとする考え方です。**トリプル・ボトムライン**は、SDGsの経済、社会、環境の三つの側面に通じます。

CSR（企業の社会的責任）

企業はそもそも社会的存在であり、利益や経済的効率だけを追求するものではないとする考え方です。**CSR**は企業の主要活動以外の社会貢献活動として行われ、企業の評判を高めるもので、いわば必要経費と考えられています。

CSV（共通価値の創造）

米国の経営戦略学者のマイケル・ポーターらが提唱した概念です。**CSV**は営利企業がその本業を通じて社会のニーズや問題の解決と、企業の経済的価値を共に追求し、かつその両者の間に相乗効果を生み出そうという、ビジネス上の競争戦略の一手法です。SDGsを単に負のリスク要因として捉えるのではなく、競争戦略として位置づけるアプローチが求められています。

figure

SDGsの達成を支えるビジネス・コンセプト

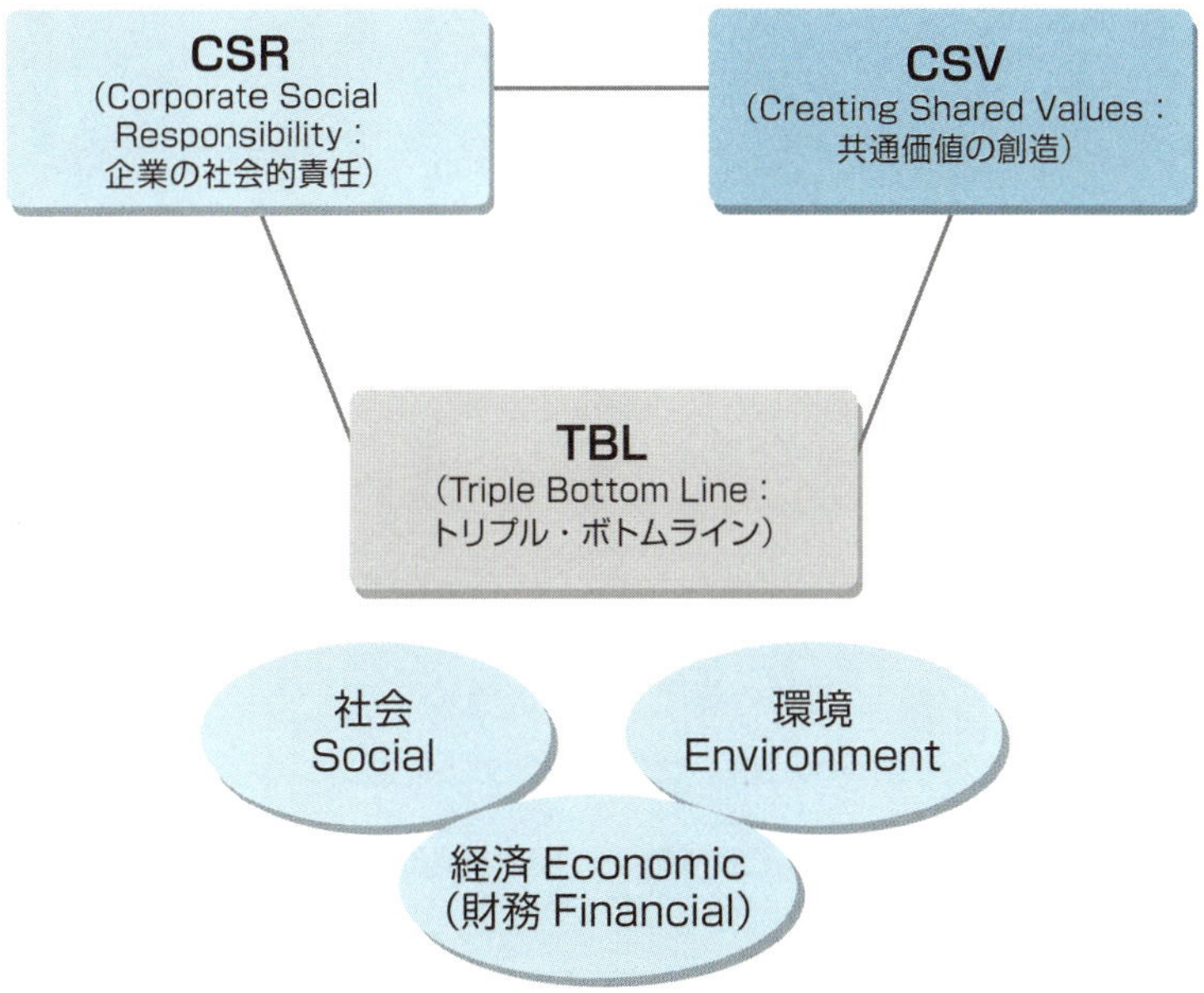

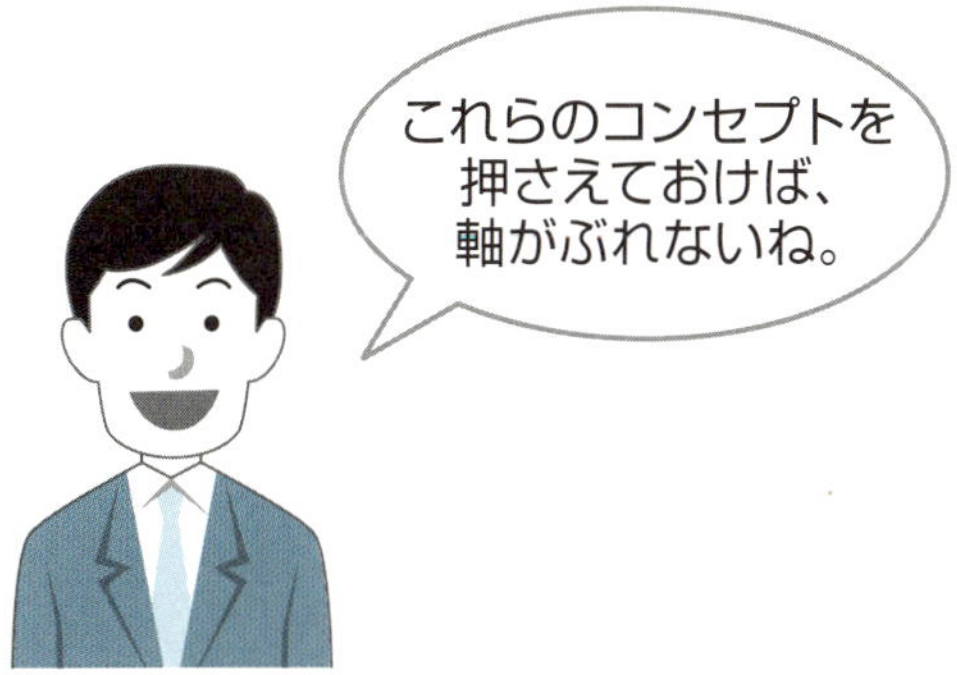

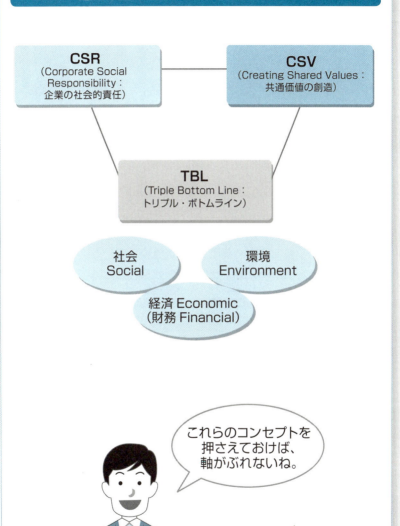

SDGsの取組に有効な思考法

CHAPTER 1 7

SDGsの持つ野心的で広範囲なつながりを持った目標を理解し、適切に対処するには、思考方法を変革する必要があります。ここでは重要な思考法を紹介しましょう。

●ファクトフルネスで事実を見る

ファクトフルネスはロスリングが提唱した、世界の現実を見るためにパターン化やネガティブ本能といった「10の本能」に基づく思い込みからの解放を解く考え方です。コラム2（46頁）にあるクイズに挑戦してみましょう。

●バックキャスティングで考える

フォアキャスティングが、現状分析などから未来を予測するのに対して、**バックキャスティング**は、目標となる将来像を先に描き、逆算して今何をすべきかを考える、いわば未来からの発想法です。SDGsの設計に用いられた考え方ですが、SDGsを支援する戦略／アクティビティの策定にも有効です。

●システム思考でロードマップを描く

社会や環境の課題は多くの要因が重なり合ってできており、企業活動がそれらに与えるインパクトを把握するにも、複雑性が伴います。これに役立つのが**システム思考**です。この意味で、企業がSDGsをビジネス戦略に組み込むことを支えるフレームワークとして、ロジックモデルや戦略マップなどの活用が有効です。4-4、4-6節で紹介します。

figure

SDGsの取組に役立つ思考法

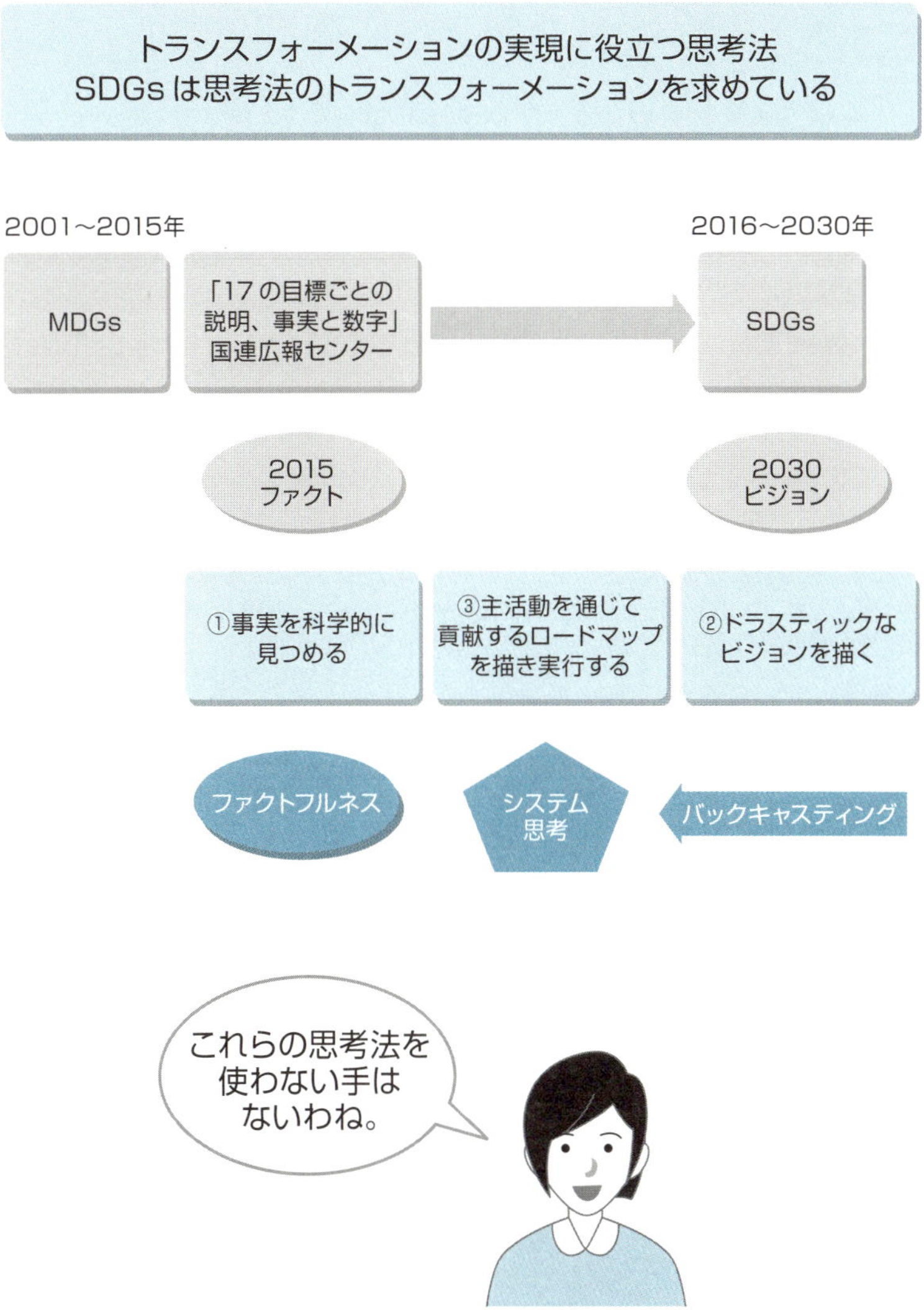
トランスフォーメーションの実現に役立つ思考法
SDGsは思考法のトランスフォーメーションを求めている
2001～2015年
2016～2030年
MDGs
「17の目標ごとの説明、事実と数字」国連広報センター
SDGs
2015 ファクト
2030 ビジョン
①事実を科学的に見つめる
③主活動を通じて貢献するロードマップを描き実行する
②ドラスティックなビジョンを描く
ファクトフルネス
システム思考
バックキャスティング
これらの思考法を使わない手はないわね。

Column 1 SDGsウオッシュに注意

(1) SDGs流行りですが

・17の目標のアイコンを付ければSDGs支援企業になるのか
・ピンバッチを付ければSDGsサポーターになるのか

関心を持つことは重要ですが、いわゆる「SDGsウオッシュ」に注意しましょう。

(2)「SDGsウオッシュ」って何?

環境に配慮しているかのように見せかけることを「グリーンウオッシュ(Greenwash)」と呼んでいます。これは、「ホワイトウォッシュ(Whitewash:上辺を塗る、ごまかし、粉飾)」から転じた造語です。そして、上辺だけSDGsの達成に貢献しているふりをすることを、「**SDGsウオッシュ**(SDGs wash)」と呼んでいます。

(3) 知らないうちに「SDGsウオッシュ」に陥っているかもしれません

①狙った以外のSDGsの目標・ターゲットに大きな負のインパクトを与える可能性に注意:例えば、植物由来のパーム油*を使い、健康に良い(SDG3)を謳い文句にしていた食品メーカーが、パーム油の調達先が、需要増大に合わせた農地拡大のために森林を伐採し(SDG15)、先住民の生活を脅かし(SDG2)、気候変動(SDG13)に多大な負のインパクトをもたらす結果になっているというケースが報告されています。特に新製品/サービスを開発するにあたっては、この負のインパクトに注意する必要があります。

②ターゲット・レベルで外してしまっているアクション:SDGsの目標レベルは合ってはいるものの、ターゲット・レベルで見ると、該当するターゲットが見当たらず、厳密にいえばSDGsの目標とターゲットに貢献してはいないというケースに注意する必要があります。この対策としては、関係する目標・ターゲットのレベルで確認することです(2-4節参照)。

*パーム油:アブラヤシの果実から得られる植物油で、食用油、マーガリン、ショートニング、石鹸などの原料に用いられる。森林保護と人権を念頭に入れた「持続可能なパーム油」の利用が求められている。

chapter

2

SDGsの17の目標を複数の視点から分析する

「SDGs」の全貌と特徴をつかむために本章では、

① SDGsの理念と構造を確認し、

② 17の目標を、MDGsとの比較、達成状況、日本政府の施策、ビジネスの関心

など、様々な視点で分析します。

CHAPTER 2 1

アイコンは馴染みやすいのにハードルが高いSDGs

いざ深堀するとなると難しい

17の**目標のアイコン**はカラフルで一見わかりやすいため、SDGsは簡単なものにも思えますが、巻末の資料1に掲載してある169のターゲットのレベルまで踏み込んだとたんに、結構ハードルが高いなと感じる方も多いはずです。それは、SDGsが持つ次の特徴に依っているのです。

①**空間軸**：対象地域はグローバルと広い。
②**時間軸**：対象期間は向こう15年間、そして過去の人間活動をカバーし長期におよぶ。
③**専門領域**：経済、社会そして環境と広く深い。
④**主体**：主体である国家から、地域、企業、個人レベルまで多段階にわたっている。

つまり、SDGsの守備範囲は、日常個人が接している情報の範囲をはるかに超えているために難しいのです。

知ることから始めよう

この大きなハードルを越えるには、まず正確な情報を「知ること」です。例えば気候変動や海洋ゴミ問題についても、表層的な現象やセンセーショナルな情報に右往左往するのではなく、可能な限り科学的な裏付けをもった正確な情報を取得し判断することが重要です。SDGsを知れば、あなたの視界は大きく広がりを見せることになるでしょう。それでは、SDGsを様々な視点からひも解いていきましょう。

figure

SDGsはなぜわかり難いのか

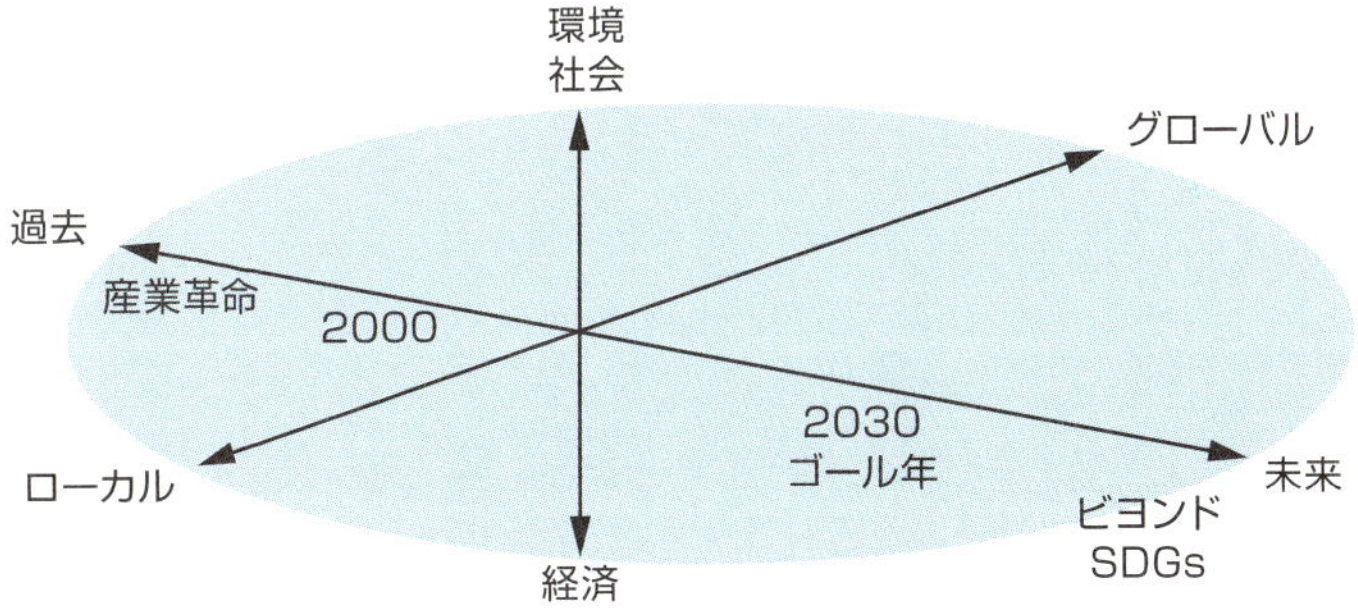

	①空間 グローバル	②時間 2030 年	③専門領域 経済、社会、 環境	④主体 国家、広いス テークホルダー
要因	・空間が広い	・タイムスパンが 長い	・ジャンルが広い	・展開レベルが 多段階
内容	・地球規模	・長期 ・過去・現在 ・未来	・経済、社会 そして環境	・世界、地域、国、 組織体そして 個人
課題	・知らなすぎる ・情報不足	・トランスフォー メーショナル （変容的） ・不可逆的 ・即効性なし	・様々な 専門領域	・インパクト 測定の難しさ
対応	・興味を持つ ・Fact（グロー バル課題）を 客観的に示す ・指標（KPI） を活用	・戦略思考 ・コレクティブイン パクト ・ロジックモデル や戦略マップの 活用	・選択と集中 ・ビジネスの視 点から絞り込む ・マテリアリティ の特定	・ロジックモデル や戦略マップの 活用

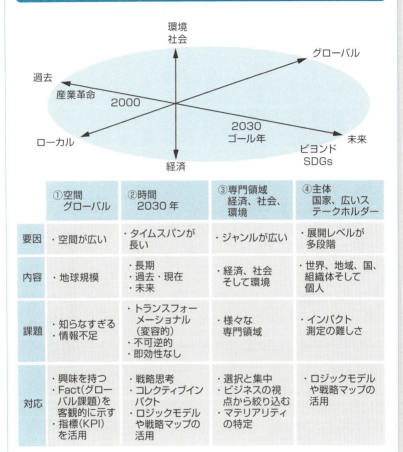

CHAPTER 2 2 2030アジェンダとSDGsの構造を確認しよう

1-1節で取り上げたとおり、SDGsと聞くと、従来から取り組んできたCSR、環境経営、CSVとどう違うのかとの基本的な疑問にぶつかる人も多いことでしょう。このような疑問の解決には原点に立ち返ることです。それは国連の「我々の世界を変革する：持続可能な開発のための**2030アジェンダ**」です。

2030アジェンダの価値観

①重要な価値観として、「**誰一人取り残さない**」（No one will be left behind)」というフレーズが明記されています。これはMDGsから引き継がれた価値観で、農村、ジェンダー、移民、障害者など社会的格差、弱者への配慮が掲げられています。

②持続可能な開発の三側面として、経済（成長）、社会（包摂）、環境（保護）の3つの要素を調和させることの重要性が説かれています。

2030アジェンダの性質

すべての国、人々が行動すべき「普遍性（Universal)」、17の目標は相互に関係しており、総合的に取り組むべき「不可分性(Indivisible)」、そしてゴールの「変容性(Transformative)」が特徴となっています。

2030アジェンダの目標

2030グローバル・ゴールとして、目標、ターゲット、そしてその達成度を測る指標が設定されています。

figure

「持続可能な開発のための2030アジェンダ」の構造

「2030アジェンダ」の原則と価値観

①「誰一人取り残さない（No one will be left behind）」
②持続可能な開発の三側面
経済（成長）、社会（包摂）、環境（保護）

「2030アジェンダ」の性質

①普遍性（Universal）
②不可分性 (Indivisible)
③変容性 (Transformative)

「2030アジェンダ」のビジョンと目標

SDGs

- 目標（Goals） 17
  - ターゲット（Targets） 169
    - 指標（Indicators） 232

「誰一人取り残さない」が SDGs の根底にある。

CHAPTER 2

3

SDGsの5つの重要領域（5つのP）

●重要領域として「5つのP」

SDGsの17の目標は、次の**5つの重要領域**にカテゴライズすることができます。

①**人間**（People）：すべての人間が潜在能力を発揮することができること

②**豊かさ**（Prosperity）：すべての人間が豊かで満たされた生活を享受することができること

③**地球**（Planet）：地球を破壊から守ること

④**平和**（Peace）：平和的、公正かつ包摂的な社会を育んでいくこと

そして、

⑤**パートナーシップ**（Partnership）：このアジェンダの実現に必要な手段を、グローバル・パートナーシップを通じて動員すること

という、Pで始まる「**5つのP**」です。

●「5つのP」と17の目標の関係

マトリックス表に示したように、17ある目標によっては、複数のPに係わるものもありますが、主たる係わりについて見ると、①人間＝SDG＃1～6、②豊かさ＝SDG＃7～11、③地球＝SDG＃12～15、④平和＝SDG＃16、そして⑤パートナーシップ＝SDG＃17に分類することができると著者は考えます。

そこで、本書では、SDGsの17の目標のマトリックス表上で、この「5つのP」の分類に基づき網掛けの濃さを変えて区分を設けています。

figure

SDGsの5つの重要領域：「5つのP」

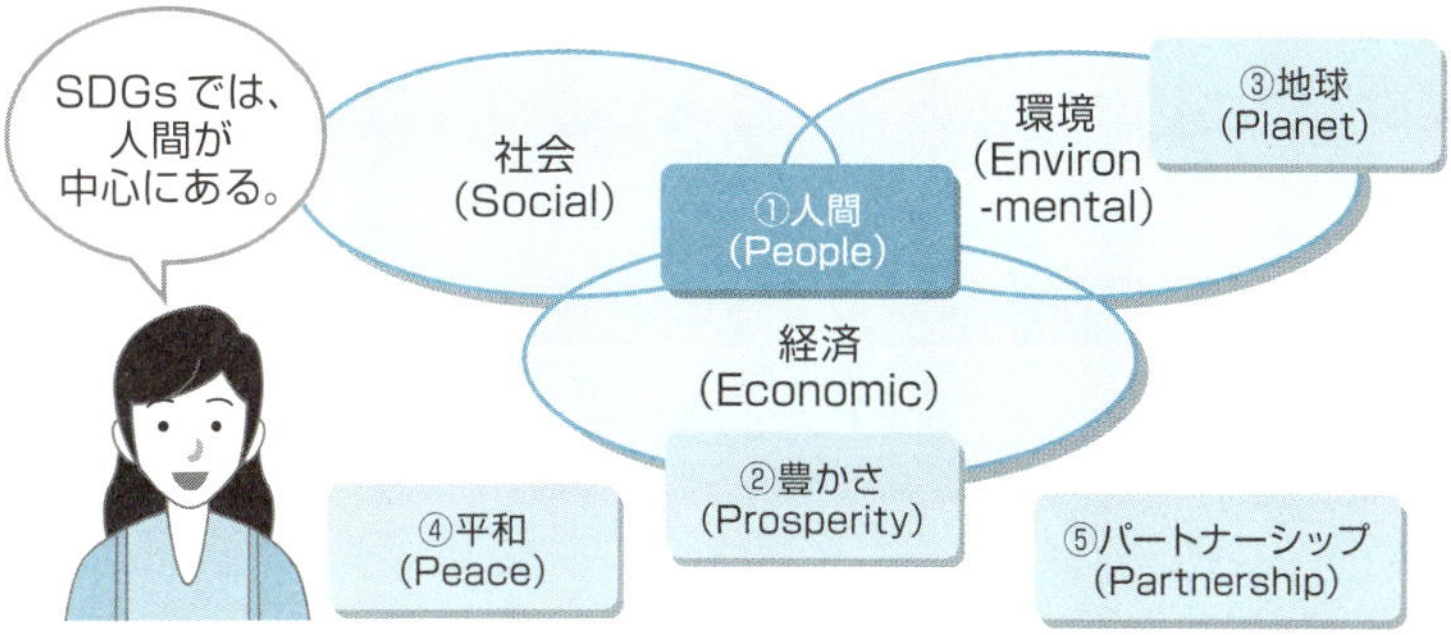

参照：国連「我々の世界を変革する：持続可能な開発のための2030アジェンダ」(外務省仮訳)

5つの重要領域と17の目標の関係

17の目標 ＼ 5つの重要領域	①人間	②豊かさ	③地球	④平和	⑤パートナーシップ
1. 貧困をなくそう	✓	✓			
2. 飢餓をゼロに	✓	✓			
3. すべての人に健康と福祉を	✓	✓			
4. 質の高い教育をみんなに	✓				
5. ジェンダー平等を実現しよう	✓				
6. 安全な水とトイレを世界中に（*1）	✓		✓		
7. エネルギーをみんなにそしてクリーンに		✓	✓		
8. 働きがいも経済成長も	✓	✓			
9. 産業と技術革新の基盤をつくろう		✓			
10. 人や国の不平等をなくそう	✓	✓		✓	
11. 住み続けられるまちづくりを	✓	✓	✓		
12. つくる責任つかう責任（*2）		✓	✓		
13. 気候変動に具体的な対策を			✓		
14. 海の豊かさを守ろう			✓		
15. 陸の豊かさも守ろう			✓		
16. 平和と公正をすべての人に				✓	
17. パートナーシップで目標を達成しよう					✓

注：*1：目標6については、①人間と③地球の双方に係わるが、主体の人間に分類する。
*2：目標12については、②豊かさと、③地球　双方に係わるが、ターゲットを確認すると、持続可能性、フードロス、3Rなど環境の配慮に力点があり、③地球に分類する。

CHAPTER 2 4

SDGsは三層構造で目標を明確に示す

SDGsは三重構造になっている

SDGsは、次の三重構造で構成されています。この構造自体はMDGsと同じですが、対象の幅とポイントが格段に広がっています。

①17の「**目標（Goals）**」は、広く目にするようになったSDGsのカラフルなアイコンのレベルがこれに該当します。目標は、テーマつまりグルーピングされた領域で、抽象度が高くなっています。

②目標は、より明確な169の「**ターゲット（Targets）**」にブレークダウンされています。

③ターゲットごとに合計で232の「**指標（Indicators）**」が設定され、目標値や達成度をモニタリングするようになっています。

資料1にあるように、ターゲットには、「1・1」のように数字が付番された「Target（目標）」が126項目、そして「1・a」のようにアルファベットが付番された「Means（方策）」の43項目の二種類があります。

ターゲット・レベルの重要性

ターゲット・レベルまで踏み込んで課題を確認することが、SDGs戦略の選択と集中につながります。例えば目標3（すべての人に健康と福祉を）レベルでは、内容の抽象度が高く、ターゲット・レベルの次のような重点目標が見えません。ターゲット2・3（小規模食糧生産者）の支援は食品会社が、そしてターゲット3・6（交通事故）は自動車会社、保険会社が貢献できるターゲットが設定されています。

figure

SDGsは「目標-ターゲット-指標」の三重構造からなる

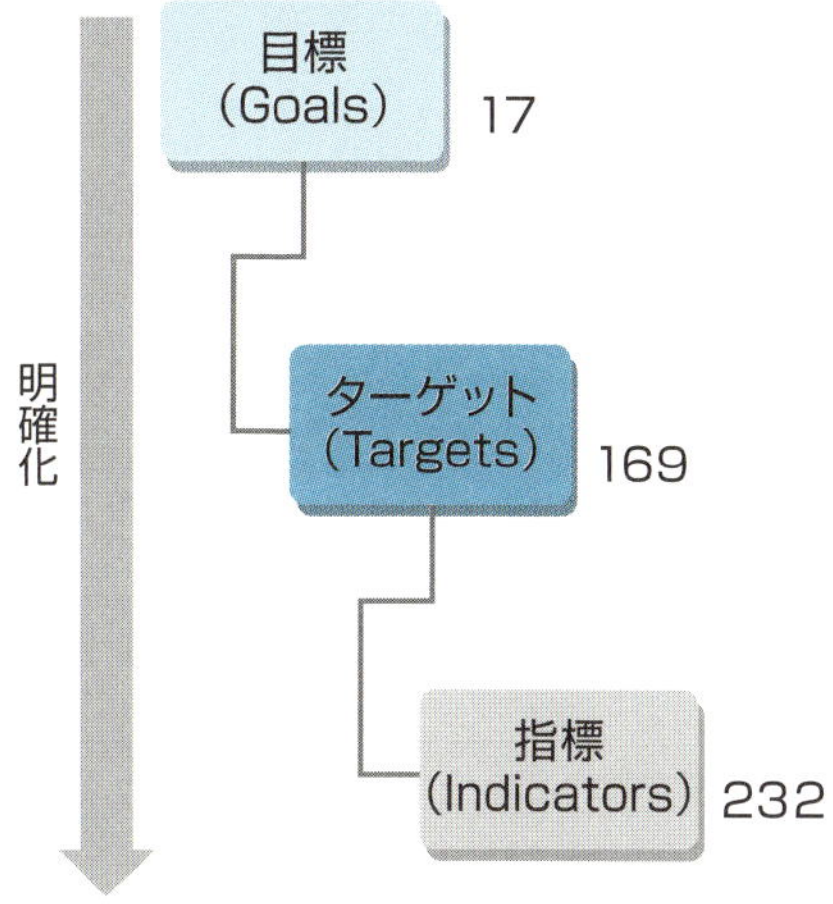

・目標1（貧困をなくそう）

・ターゲット1.2
（相対的な貧困率の半減）

・指標1.2.1
（各国の貧困ラインを下回って生活している人口の割合（性別、年齢別））

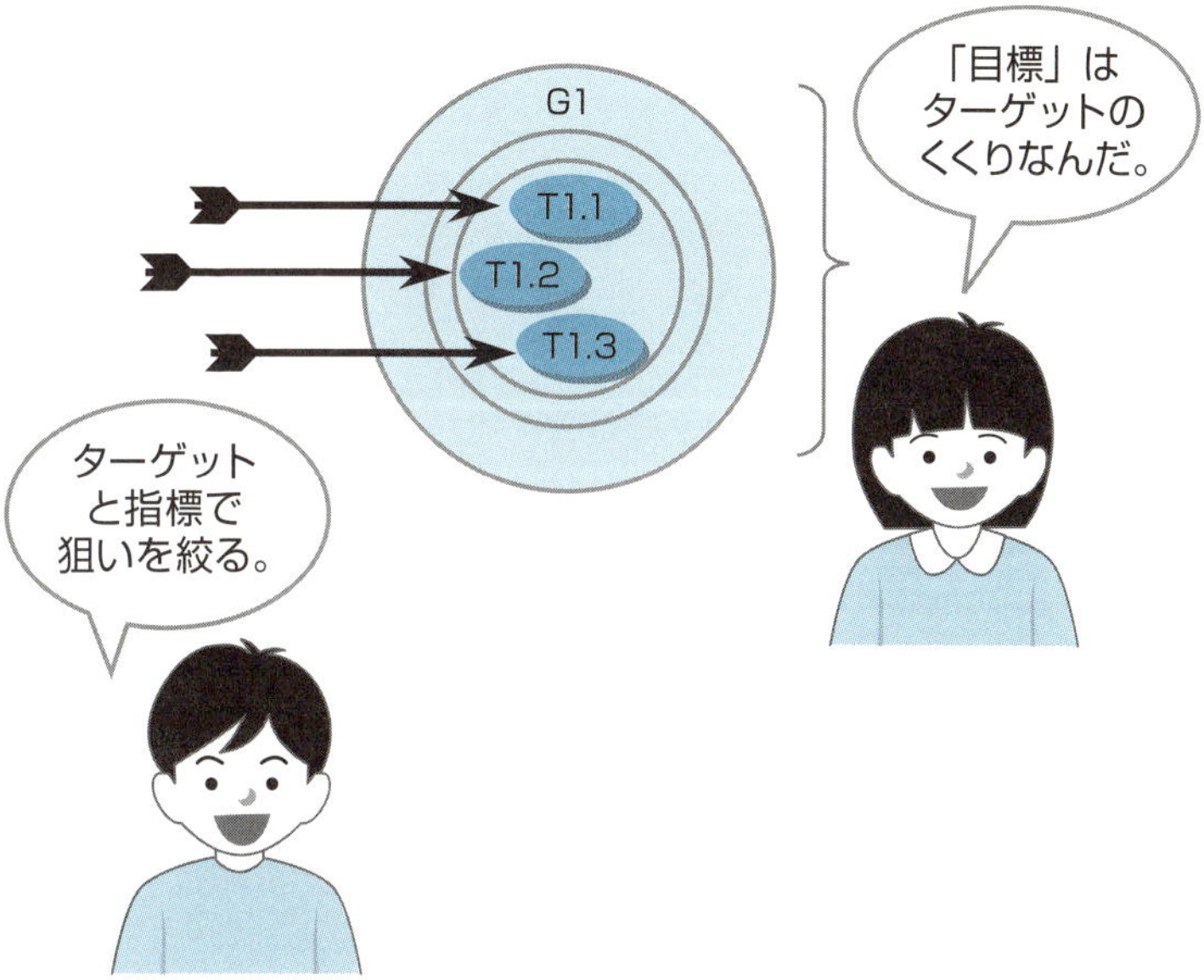

MDGsとの比較から見えてくるもの

CHAPTER 2 5

SDGsの前身であるMDGsの構成、達成状況を知れば、SDGsに引き継がれたものと、SDGsの狙いとその先が見えてきます。MDGsでは目標は8つ設定されていました。

●MDGsの目標1〜6

①MDGsの目標1（貧困と飢餓）は、SDGsでは、目標1、2、8そして10に分割されました。

②MDGsの目標2（初等教育）と3（ジェンダー平等）は、その目標をほぼ達成しており、SDGsでは目標4として、より詳細なターゲットが設定されていました。

③MDGsの目標4（乳幼児）と5（妊産婦）および6（疾病）は、SDGsでは目標3に一本化されました。

●MDGsの目標7と8

①MDGs目標7（環境）は、社会と環境に係わる目標であり、SDGsではその重要性から目標6、11、12、14、15と細分化され、また新設がされています。

②MDGs目標8（パートナーシップ）の6つのターゲットは達成度が最も低く、より充実させる必要から、SDGs目標17でターゲットを19項目にまで拡大し、詳細化しています。

●SDGsで新設された領域

経済（目標7）と環境（目標12）および、平和（目標16）がSDGsでは新たに追加されています。

figure

MDGSの8つの目標

①	極度の貧困と飢餓の解消	⑤	妊産婦の健康の改善
②	初等教育の完全普及の達成	⑥	HIV／エイズ、マラリア、 その他の疾病の蔓延防止
③	ジェンダー平等の推進と女性の地位向上	⑦	環境の持続可能性の確保
④	乳幼児死亡率の削減	⑧	開発のためのグローバルな パートナーシップの推進

MDGsとSDGsの目標別対比表

MDGs / SDGs	①貧困と飢餓	②初等教育	③ジェンダー	④乳幼児	⑤妊産婦	⑥疾病	⑦環境	⑧Gパートナー
1. 貧困	1.A							
2. 飢餓	1.C							
3. 健康	6.C			4.A	5.A、5.B	6.A、6.B 6.C		
4. 教育		2.A	3.A					
5. ジェンダー								
6. 水							7.C	
7. エネルギー								
8. 働きがい	1.B							
9. 産業								8.F
10. 不平等	1.A		3.A		5.B			
11. まち							7.D	
12. 責任								
13. 気候変動							7.A	
14. 海							7.B	
15. 陸							7.A、7.B	
16. 平和と公正								
17. パートナー								8.A、8.B 8.C、8.D

注：表中のMDGSの目標番号に続くアルファベットはターゲット番号を示す。
出所：「我々の世界を変革する：持続可能な開発のための2030アジェンダ」国連広報局、2016年1月、「ミレニアム」開発目標一覧（完全版、2010年）外務省を参照し著者が独自に作成

CHAPTER 2 6

国連他発行のフレームワークを積極活用しよう

国連が発行した文書

「我々の世界を変革する：持続可能な開発のための2030年アジェンダ」には、本文と共にSDGsの17の目標と169のターゲットが掲載されています。SDGsの原典であり、その本質を理解するためにも、本文に目を通すことを勧めます。なお本書の資料1に目標別にターゲットと指標の一覧を掲載してあります。

UNGCが発行する文書

UNGC（国連グローバル・コンパクト）は、企業などが持続可能な成長を実現するための世界的な枠組み作りです。2000年に国連本部で正式に発足し、日本にも支部（グローバル・コンパクト・ネットワーク・ジャパン）があり、ビジネスの視点からまとめたフレームワークが公表されています。

「**SDG Compass**」は、企業がSDGsをいかにして経営戦略と整合させ、SDGsへの貢献を測定し管理するかに関する指針です。他にも「ビジネス・レポーティング」シリーズ三部作（一部日本語訳未発表）が発行されており、本書の3章で積極的に参照しています。

日本政府が発行する文書

内閣府に設置されたSDGs推進本部から「**SDGs実施指針**」が公表されています。

figure

ビジネスパースンのためのSDGs関連ガイドライン一覧

ガイドライン（発行者、発行年）	概要と活用のヒント
Ⅰ．国連関係	
「我々の世界を変革する：持続可能な開発のための2030年アジェンダ」（外務省仮訳） 国連、2015	・SDGsが掲載されている国連のアジェンダ。 ・SDGsの原典であり、前文、本文を確認しておきたい。
「SDGs（エス・ディー・ジーズ）とは？ 17の目標ごとの説明、事実と数字」 国際連合広報センター、（日本語訳2018）	・17の目標ごとに関連する「事実と数字（Facts & Figures）」を紹介。 ・SDGsのターゲットの設定の背景を理解する手助けになります。 ・本書では3章にて17の目標ごとに「事実と数字」として参照し解説しています。
「SDG Compass：SDGsの企業行動指針～SDGsを企業はどう活用するか」 GRI（グローバル・レポーティング・イニシアチブ）、UNGC（国連グローバル・コンパクト）、wbcsd（持続可能な開発のための世界経済人会議）、2015（日本語訳2016）	・企業がSDGsを経営戦略と整合させ、SDGsへの貢献を測定し管理するための指針。 ・SDGsを考慮した戦略策定とモニタリングの方法論として優れたガイドラインです。
Ⅱ．日本政府関係	
「持続可能な開発目標（SDGs）実施指針」SDGs推進本部、2016	・日本国政府（SDGs推進本部）が2016年12月に決定したSDGsガイドライン。 ・ビジョン、実施原則、8つの優先課題と施策の例などが掲載されている。 ・2019年末には改訂版の発行が計画されている。

CHAPTER 2 7

SDGs達成状況のモニタリングからビジネスチャンスをつかめ

SDGsの達成状況のモニタリング

国連では、参加各国・地域の報告に基づいて年次のモニタリングを実施し報告しています。

また、NPOの**SDSN**とドイツの**ベルテルスマン財団**が「**SDGsインデックス&ダッシュボード・レポート**」を毎年公開しています。SDGsのグローバル・インデックスは、国や地域によってはデータを入手できない場合もあり、同レポートでは、代替指標などが活用されていることに留意する必要があります。

「SDGsの目標別スコア比較表（2019年版）」は、同レポートから総合1位のデンマーク、日本（15位）と米国（35位）を抽出したものです。例えば、日本の目標5（ジェンダー平等）のスコア58・5ポイントは、2030年の目標に向けた達成状況を示しています。「インデックス・スコア」の総合1位のデンマークと比較した場合、日本の課題が目標5、10、17にあり、絶対値では、目標12と14に課題があることが推測されます。

国・地域別達成状況の活用法

同レポートは、自社のサプライチェーンの上流から下流に位置するパートナーや顧客が属する国や地域の進捗状況をレビューすることにより、当該地域の重点課題を絞り込む際に有効な情報源として活用することができます。

figure

SDGsの目標別スコア比較表（2019年版）

SDGs ＼ 国	日本	デンマーク	米国
インデックス・スコア	78.9	85.2	74.5
SDGsグローバル・ランク（162ヵ国中）	15	1	35
1. 貧困をなくそう	99.0	99.6	98.9
2. 飢餓をゼロに	68.0	68.3	66.0
3. すべての人に健康と福祉を	94.9	96.1	89.5
4. 質の高い教育をみんなに	98.1	98.3	89.3
5. ジェンダー平等を実現しよう	58.5	84.8	73.4
6. 安全な水とトイレを世界中に	84.5	90.7	85.0
7. エネルギーをみんなにそしてクリーンに	93.4	93.6	93.2
8. 働きがいも経済成長も	88.5	83.9	85.2
9. 産業と技術革新の基盤をつくろう	79.9	88.1	83.3
10. 人や国の不平等をなくそう	76.8	96.5	47.7
11. 住み続けられるまちづくりを	75.4	90.2	82.5
12. つくる責任つかう責任	55.6	49.8	36.5
13. 気候変動に具体的な対策を	90.4	90.2	66.1
14. 海の豊かさを守ろう	53.6	48.9	60.9
15. 陸の豊かさも守ろう	70.0	87.2	76.9
16. 平和と公正をすべての人に	90.3	92.8	76.1
17. パートナーシップで目標を達成しよう	64.9	89.8	56.2

出所：SDSN「Sustainable Development Report 2019」を参照し作表

（注）

スコア	表記	スコア	表記	スコア	表記
80ポイント以上		61～79ポイント		60ポイント未満	

日本政府の「SDGs実施指針」

CHAPTER 2 8

●SDGsの実施責任は国にある

2030アジェンダには、「我々は、それぞれの国が自国の経済・社会発展のための第一義的な責任を有するということを認識する」と記載されています。法的な拘束力はないものの各国政府は当事者意識を持って、17の目標の達成に向けた国内的枠組を確立されることが期待されています。日本政府の**SDGs推進本部**はその役割を担っています。

●日本政府の「SDGs実施指針」

内閣府に設置されたSDGs推進本部で、2016年12月に「**持続可能な開発目標（SDGs）実施指針**」が決定されました。そこでは、ビジョン、実施原則と共に、8つの優先課題と具体的施策例が盛り込まれています。なお、2019年にフォローアップを実施し改訂されることになっています。

●ステークホルダーの協力が必須

2030アジェンダでは続けて、「我々は、小規模企業から多国籍企業、協同組合、市民社会組織や慈善団体等多岐にわたる民間部門が新アジェンダの実施における役割を有することを認知する」とも付け加えられています。

SDGsの目標は高く設定されており、政府だけでその目標を達成できるものではありません。そこで民間セクター、市民社会その他の**ステークホルダー**が行動を起こすことが期待されているのです。

figure

日本政府「持続可能な開発目標(SDGs)実施指針」の8つの優先課題

①	あらゆる人々の活躍の推進	⑤	省エネ・再エネ、 気候変動対策、循環型社会
②	健康・長寿の達成	⑥	生物多様性、森林、 海洋等の環境の保全
③	成長市場の創出、地域活性化、 科学技術イノベーション	⑦	平和と安全・安心社会の実現
④	持続可能で強靱な国土と 質の高いインフラの整備	⑧	SDGs 実施推進の体制と手段

「SDGs 実施指針」とSDGs の目標別対比表

「SDGs実施指針」の優先課題 / SDGsの目標	①人の活躍	②健康・長寿	③成長・地域・イノベ	④国土・インフラ	⑤エネ・気候・循環型	⑥環境の保全	⑦平和と安全・安心	⑧体制と手段
1. 貧困	○							
2. 飢餓			○	○		○		
3. 健康		○				○		
4. 教育	○							
5. ジェンダー	○							
6 水								
7. エネルギー					○			
8. 働きがい	○		○					
9. 産業			○	○				
10. 不平等	○							
11. まち			○	○				
12. 責任					○			
13. 気候変動					○			
14. 海						○		
15. 陸						○		
16. 平和							○	
17. パートナー								○

出所：日本政府SDGs推進本部「SDGsアクションプラン2019」2018年12月を参照し作表

CHAPTER 2 9

ビジネスは何を重要目標と見ているか

企業活動のグローバル化とSDGs

企業のグローバルなサプライチェーンを通じた活動はSDGsの17の目標に、正や負の多大なインパクトをもたらしています。そのため、17の目標の達成には、国家、地方行政、NPOに加えて企業の理解と貢献が必須なものとなっています。

企業のSDGsへの対処の仕方

世界有数のグローバル・ビジネスであっても、その活動は、広範囲におよぶSDGsの目標とターゲットのすべてに係わるわけではありません。そして、自ら係わりのある目標であっても、ビジネスとして期待されるインパクトをあげるためにも、また貴重な経営資源を割り当てるにも、重要目標とターゲットの選択と集中が必要になります。

企業が選んだSDGsの重要目標

そこで、ビジネス上で重視される目標について、アンケート調査を見てみることにしましょう。ここに示したアンケートは**UNGC（国連グローバル・コンパクト）**会員企業向けアンケートであるため、いずれもSDGsへの意識は高いと考えられます。業種や地域そして企業のSDGsに対する関心の強さなどによってバラツキが生じることも忘れてはいけません。なお、ターゲット・レベルでのビジネスとの関係性の程度については、3章で17の目標ごとの②、「ターゲットMap」上に示してあります。

figure

企業が選んだSDGsの重点目標

調査 / 17の目標	UNGC 2017調査（複数回答）	GCNJ 2017年度調査（複数回答）		
	重点に選んだ活動	重点に選んだ活動	事業に正のインパクトをもたらすと認識	事業に負のインパクトをもたらすと認識
1. 貧困をなくそう			4位	
2. 飢餓をゼロに				
3. すべての人に健康と福祉を	49%	50%	1位	4位
4. 質の高い教育をみんなに			3位	
5. ジェンダー平等を実現しよう	45%	44%	2位	
6. 安全な水とトイレを世界中に				
7. エネルギーをみんなにそしてクリーンに		46%	5位	3位
8. 働きがいも経済成長も	49%	60%		1位
9. 産業技術革新の基盤をつくろう	40%			5位
10. 人や国の不平等をなくそう				
11. 住み続けられるまちづくり				
12. つくる責任つかう責任	42%	51%		2位
13. 気候変動に具体的な対策を	39%	63%		1位
14. 海の豊かさを守ろう				
15. 陸の豊かさも守ろう				
16. 平和と公正をすべての人に				
17. パートナーシップで目標を達成しよう				

注：UNGC（国連グローバル・コンパクト）、GCNJ（グローバル・コンパクト・ネットワーク・ジャパン）
出所：「未来につなげるSDGsとビジネス～日本における企業の取組み現場から」GCNJ、IGES、2018を参照し著者が取りまとめ

CHAPTER 2 10

SDGsの17の目標の不可分性

17の目標には相互関係が存在する

SDGsの目標およびターゲットは、2030アジェンダの前文に「持続可能な開発目標の相互関連性および統合された性質は、この新たなアジェンダの目的が実現されることを確保する上で極めて重要である」と記載されています。つまりSDGsの17の目標は相互に関係性があるものがあり、ある目標への貢献を狙ったアクティビティが、その他の一つまたは複数の目標に正または負のインパクトをおよぼす可能性があることに留意する必要があります。

ある目標を狙ったアクションが、他の目標に大きなマイナスのインパクトを与えることになるケースも**SDGsウォッシュ**に該当します。

17目標の相互関係

表の見方ですが、横軸の目標の達成に向けたアクションが、○印の付いた縦軸の目標にプラスのインパクトを与えることを示しています。

①目標1から目標6の「5つのP」の内で人間に係わる6つの**目標の相互関係性**の強さがわかります。

②目標12から目標15の地球に係わる4つの目標にも、相互関係性の強さが確認できます。

③目標17（パートナーシップ）は、施策であるため、他の16の目標に影響を与えます。

④負のインパクトを与えるリスクについては、3章の各目標の③、「日本とビジネス」に示してあるので参照してください。

figure

SDGs 17の目標の相互関係

	1 貧困	2 飢餓	3 健康	4 教育	5 ジェンダー	6 水	7 エネルギー	8 働きがい	9 産業	10 不平等	11 まち	12 責任	13 気候変動	14 海	15 陸	16 平和	17 パートナー
1. 貧困	■	○	○	○	○	○		○	○	○			○	○	○		
2. 飢餓	○	■	○	○	○			○	○				○	○			
3. 健康	○	○	■	○	○	○		○						○	○		
4. 教育	○	○	○	■	○	○			○	○		○				○	
5. ジェンダー	○		○	○	■			○		○						○	
6 水	○		○	○	○	■		○						○	○		
7. エネルギー	○		○				■	○	○	○	○		○				
8. 働きがい	○	○	○	○	○			■		○						○	
9. 産業		○				○	○		■		○	○	○				
10. 不平等	○	○	○	○	○			○		■			○	○	○	○	
11. まち			○	○			○	○	○	○	■		○		○		
12. 責任			○			○	○		○			■	○	○	○		
13. 気候変動	○	○	○			○		○		○	○		■	○	○		
14. 海	○	○	○		○					○		○	○	■	○		
15. 陸	○		○							○		○	○	○	■		
16. 平和	○				○			○		○						■	○
17. パートナー	○	○	○	○	○	○	○	○	○	○	○	○	○	○	○	○	■

注：横軸に示した目標の達成に向けたアクションが、○印の付いた縦軸に示した目標にプラスのインパクトを与えることを示す。

出所：'Blueprint for Business Leadership on the SDGs: A Principles-based Approach' UN Global Compact、2017を参照、加筆しマトリックス表を作成

Column 2 SDGsを通して世界を知ろう

【クイズ】世界のことをどこまで知っていますか？

①極度の貧困（1日当たり、1.9ドル未満の所得・消費水準）の中で暮らす人々は約何人いるでしょう？（SDG1）
A：16億人　B：8億人　C：4億人

②再生可能エネルギーが最終エネルギー消費に占める割合はどのくらいでしょうか？（SDG7）
A：36%　B：18%　C：9%

③ブロードバンド・ネットワークにアクセス可能な人口の割合は何%でしょうか？（SDG9）
A：85%　B：55%　C：35%

④世界で最も豊かな42人の所有資産総額は、世界人口の下位何人の総所得に匹敵するでしょうか？（2018年）（SDG10）
A：37億人　B：19億人　C：9億人

⑤土地の荒廃により影響を受ける農地の割合は何%でしょうか？（SDG15）
A：50%　B：30%　C：15%

特に断りがない場合は2015年ごろの状況です。また、正解はColumn3（152頁）の末尾に掲載してあります。また、3章で該当するSDGsの①、「事実と数字」の中で取り上げています。

いかがでしたか。ファクトフルネスを提唱したハンス・ロスリングは、人間は事態を眼ではなく脳で見ているとして、世界は分断されており先進国と開発途上国との間には大きな隔たりがあるとする「分断本能」をはじめ、「10の本能」によって見方・解釈が歪められていることを指摘し、この思い込みからの解放の必要性を説いています。

chapter

3

SDGsの17の目標をターゲット・レベルで深堀する

ターゲットを知らずしてSDGsを語るべからず。

①「事実と数字」でSDGsの背後にある事実を知ろう

②「ターゲットMap」でターゲット・レベルまで深堀しよう

③ SDGsと「日本とビジネス」との係わりを知ろう

３章の読み方（構成と凡例）

３章は、SDGsの17の目標について、ターゲットのレベルまでスムースに理解できるよう、次の三本立てで構成しています。

① **事実と数字**

目標設定は現状の認識から始まるように、SDGsつまり「2030年のグローバル・ゴール」も単独で設定されているわけではありません。なぜ、2030年のあるべきビジョンが設定されたのかを理解するには、現状を客観的な指標と数字を持って理解することが重要です。

国連広報センター「SDGsとは？ 17の目標ごとの説明、事実と数字」(2018) を参照して、著者の判断で、抜粋、構成、図示化しています。

② **ターゲットMap**

目標を構成する個別のターゲットを「ターゲットMap」という図解で紹介します。

国連「我々の世界を変革する：持続可能な開発のための2030アジェンダ」(2016) を参照し、著者の判断で、抜粋、構成、図示化しています。

③ **日本とビジネス**

日本における進捗状況、日本政府による**SDGs実施指針**と施策、ビジネスアクションとキーワード、さらに、目標間の相互関係に関する情報を簡潔にまとめてあります。

・「1. 日本の進捗状況」については、SDSNとドイツのベルテルスマン財団の「Sustainable Development Report 2019」を参照しています。

・「2. 日本政府の関連施策」については、SDGs推進本部「持続可能な開発目標（SDGs）実施指針」と「SDGsアクションプラン2019」を参照し、著者が当該目標に該当する優先分野と取組を選定しターゲット番号を付してあります。

・「3. ビジネス・アクション」と【SDGsの相互関係】については、UNGC「Blueprint for Business Leadership on the SDGs ～A Principles-Based Approach」(2017) を参照し、著者の判断で編集し、掲載しています。

【凡例】

(1)「事実と数字」

・ MDG1 は、当該目標に関連するMDGsの目標/ターゲットを著者の判断で示しています。

(2)「ターゲット Map」

・ターゲットについては、番号が 1.1 のように数字が付番されている目標については四角形 1.1 で、1.a のように付番されている手段については矢印 1.a で示しています。

・ターゲットについては、「SDGsに関するビジネス・レポーティング～ゴールとターゲットの分析」(一般財団法人国際開発センター訳)に示されているビジネスに関係する可能性の高さにより、枠の色を変えて表現してあります。

・深く関係する可能性が高い 1.2
・関係する可能性が高い 1.1
・関係する可能性が低い 1.a

・MDGs で対象となったターゲットについては、著者の判断で M 印を付しています。

・ターゲットまたは関連する指標に開発途上国の文言が付されているターゲットについては、★印を付してあります。

(3)「日本とビジネス」

・【SDGsの相互関係】にある「ポジティブ」と「リスク」は、当該目標への貢献を狙ったアクティビティが、SDGsの他の目標にも正または負のインパクトを与える可能性があることを示しています。

CHAPTER 3 1

目標1：貧困をなくそう①
貧困についての事実と数字

●大局を掴もう

貧困問題については、MDGsでは第一優先課題として位置づけられ、MDG1（極度の貧困と飢餓の解消）のターゲット1・Aで取り上げられ、世界の貧困率は2000年以来、半分以下に低下しています。

では、なぜ貧困問題がSDGsでも引き続き目標の1番目に掲げられているのでしょうか。それは、人類の約10%が「極度の貧困」状態に置かれているという事実があるからです。「誰一人取り残さない」というSDGsの価値観によるものです。

●グローバルな重要課題

貧困は、単に生計をたてるための所得や資源がないことではありません。

飢餓や栄養不良（SDG2）、教育その他基本的サービスへのアクセスの制限（目標3、4）、社会的差別と排除や意思決定への不参加（目標5）などの形で表れます。

極度の貧困（世界銀行が定めた国際貧困ライン、1日当たり1・9ドル未満の所得・消費水準に満たない状態）の中で暮らしている人々は、

①南アジアとサハラ以南のアフリカの2つの地域に居住する人々に集中している

②男性よりも女性の割合が多い

という特徴があります。

また、地震、津波、洪水などの災害が、貧困状態に陥る重要な要因になっています。

figure

目標 1：貧困をなくそう　事実と数字

1
貧困を
なくそう

極度の貧困

極度の貧困の中で暮らす人々	7 億 8300 万人
極度の貧困の中で暮らす 25 歳から 34 歳の女性	男性 100 人当たり 122 人
極度の貧困の中で暮らす人々が集中する地域	・南アジア ・サハラ以南アフリカ

基本的サービス

社会保障現金給付の受給率	45%

災害

災害による経済損失（2017 年）	3000 億ドル

MDG1（極度の貧困と飢餓の解消）1.A

世界の貧困率は
2000 年以来、
半分以下に低下。

出所：「SDGs：事実と数字」国際連合広報センター、2018年などを参照し独自に作図

目標1：貧困をなくそう②
ターゲットMap

目標1：貧困をなくそう（No poverty）
あらゆる場所のあらゆる形態の貧困を
終わらせる

2030グローバル目標

MDGsで第一優先であった貧困への対応は、SDGsでも、最初の目標1に位置づけられました。目標1の7つのターゲットは、ターゲットMapにあるように、コミットメントとそれを実現するためのドライバーという構造になっています。

①**コミットメント**：MDGsの対象であった**極度の貧困**を、ターゲット1・1（極度の貧困の終結）にすえて、新たに**相対的貧困**をターゲット1・2（相対的な貧困率の半減）に加えてコミットメントとしています。

②**ドライバー**：これらを達成するために、「基本的サービスの提供」と貧困の重要な要因となる「災害対応」をドライバーとして掲げる構造になっています。

ビジネスの視点から

7つのターゲットのうち、施策系を除く5つのターゲットのすべてが何らかの形でビジネスに関係しています。また、ビジネスと深く関係するターゲットが2件あり、

・貧困の撲滅や終結への支援
・増え続ける貧困を脱却し購買力を持った層というマーケットが、ビジネスチャンスになるでしょう。

figure

目標1：貧困をなくそう　ターゲットMap

1 貧困を なくそう

コミットメント

貧困の目標

1.1 極度の貧困の終結 M

1.2 相対的貧困率の半減

ドライバー

基本的サービスの提供

1.3 貧困層および脆弱層の社会保障制度の実施

1.4 貧困層および脆弱層の基本的サービスへのアクセスの確保

災害対応

1.5 貧困層および脆弱層の災害に対する脆弱性の軽減

1.a 貧困削減計画への相当量の資源の確保

1.b 貧困やジェンダーに配慮した政策的枠組の構築

出所：「我々の世界を変革する：持続可能な開発のための2030年アジェンダ」（外務省仮訳）2015年などを参照し独自に作図

目標1：貧困をなくそう③
日本とビジネス

1．日本の進捗状況

日本の進捗状況は、99・0ポイントと高い状況にあります。

2．日本の特記事項

こと貧困については、切実な課題であるといわれても実感が持てないというのが日本に住む人々の大方の意見でしょう。ただし、日本でも「**相対的貧困**」は存在し、一人親世帯、とりわけ母子家庭への支援が重要課題となっています。

また、地震、津波、洪水などの災害も、貧困状態に陥る重要な要因となっています。

3．日本政府の関連施策

すべての子どもたちが自らの可能性を信じて将来の夢に挑戦できる社会の実現を目指して、子どもの貧困対策を推進しています。

4．ビジネスアクション

脆弱なグループをターゲットとした新サービスの開発、サプライチェーンの従業員すべてに一定水準の仕事環境を確保することなどが考えられます。

5．SDGs相互関係

貧困は、多くの課題のルーツといっても過言ではありません。目標1が、「人間」に関する目標2から目標6と強い関係があることがわかります。

目標1に係わるアクションは、汚染された商品の消費が急激に増加したり、気候と環境に負のインパクトを与えるリスクも抱えています。

figure

目標 1：貧困をなくそう　日本とビジネス

1．日本の進捗状況	99.0 ポイント	B　課題を残している
2．日本政府の施策（実施指針／取組）	①あらゆる人々の活躍の推進	・子どもの貧困対策（ターゲット 1.b） ・若者・子ども、女性に対する国際協力（ターゲット 1.a）
3．ビジネスアクション	☑特に脆弱なグループのニーズを満たし、生活の向上を狙った商品やサービスを創造し流通させる。 ☑自社ビジネス並びにサプライチェーンにわたるすべての従業員に一定水準仕事環境を確保する。 ☑最も開発が遅れている国や脆弱なグループに対して、保証され、一定水準の仕事の創出に関与する。 ☑不利な立場に置かれているグループに能力を与える経済的なプログラムを導入する。	
4．キーワード	極度の貧困	世界銀行が定めた国際貧困ライン（1 日当たり 1.9 ドル未満）の所得・消費水準に満たない状態。
	相対的貧困	国民全体の所得の中央値の半分に満たない状態。

SDGs 相互関係

17の目標 / 1. 貧困	1 貧困	2 飢餓	3 健康	4 教育	5 ジェンダー	6 水	7 エネルギー	8 働き	9 産業	10 不平等	11 まち	12 責任	13 気候	14 海	15 陸	16 平和	17 パートナー
ポジティブ	■	○	○	○	○	○		○	○	○			○	○	○		
リスク	■												✓	✓	✓		

目標2：飢餓をゼロに①
飢餓についての事実と数字

大局を掴もう

SDGsの目標2を含む、目標1から目標6までは、SDGsの5つの重要領域の中で主として「人間(People)」に係わるもので、MDG1（極度の貧困と飢餓の解消）のターゲット1・Cで取り上げられ、一定の改善を見ている領域です。ただし、現時点で空腹を抱える8億1500万人に加えて、さらに2050年までに増加が見込まれる20億人に食料を確保するためには、グローバルな食料と農業のシステムを根本的に変える必要があるとされています。

グローバルな重要課題

飢餓の問題については、飢餓という需要サイドのみではなく、食料の供給と双方のバランスという側面で捉えることが重要になります。

農林水産業が適切に機能すれば、すべての人に栄養豊富な食料を提供し、適正な所得を創出しながら、人間中心の農業開発を支え、環境を守ることができると考えられています。全世界で5億軒ともいわれる小規模農家が開発途上地域での食料供給の実に80%を担っているという現状を忘れてはいけません。

土壌や淡水、海洋、森林、そして生物多様性は急激に劣化し、気候変動が資源をさらに圧迫し、干ばつや洪水などの災害に関連するリスクを高めています。農村で暮らす多くの人は、その土地で生計を立てられなくなり、機会を求めて都市への移住を余儀なくされているのです。

figure

目標2：飢餓をゼロに　事実と数字

飢餓

栄養不良に陥っている人の割合	1/9（8億1500万人）
発育不全状態の子どもの割合	1/4
栄養不良が原因の5歳未満児の死亡者数	310万人

食料の安定確保

農業を生計手段とする人々の割合	40%
小規模農家（5億軒）による発展途上地域での食料供給率	80%
エネルギー貧困の人々	40億人（ほとんどが開発途上地域の農村部）

MDG1（極度の貧困と飢餓の解消）1.C

出所：「SDGs：事実と数字」国際連合広報センター、2018年などを参照し独自に作図

目標2：飢餓をゼロに②
ターゲットMap

目標2：飢餓をゼロに（Zero hunger）
飢餓を終わらせ、食料安全保障および栄養改善を実現し、持続可能な農業を促進する

2030グローバル目標

①**MDGsの踏襲**：まず、MDGsの目標1（極度の貧困と飢餓の解消）と比較してみましょう。ターゲットMap上での［M］の印の分布状況を見ると、MDGターゲット1・Cが対象としていた飢餓の撲滅がSDGターゲット2・1に引き継がれていることがわかります。

②**ターゲットの構成**：目標2を構成する8つのターゲットは、ターゲットMapで表現したように、需要と供給のバランスで飢餓に対処しようという構成からなっていることがわかります。

③**飢餓の終了と栄養の改善**：食料の需要サイドとしては、MDGターゲット1・Cが対象としていた飢餓の撲滅に、栄養不良の解消を加えています。

④**持続可能な農業の促進**：供給サイドでは、小規模農家の生産性の向上や農業の強靭化などの具体的なターゲットが挙げられています。

ビジネスの視点から

8つのターゲットのうち、施策系を除く5つのターゲットのすべてが何らかの形でビジネスに関係しています。ビジネスとしては、供給、中でもターゲット2・3（小規模食糧生産者）への支援が求められています。

目標2：飢餓をゼロに　ターゲットMap

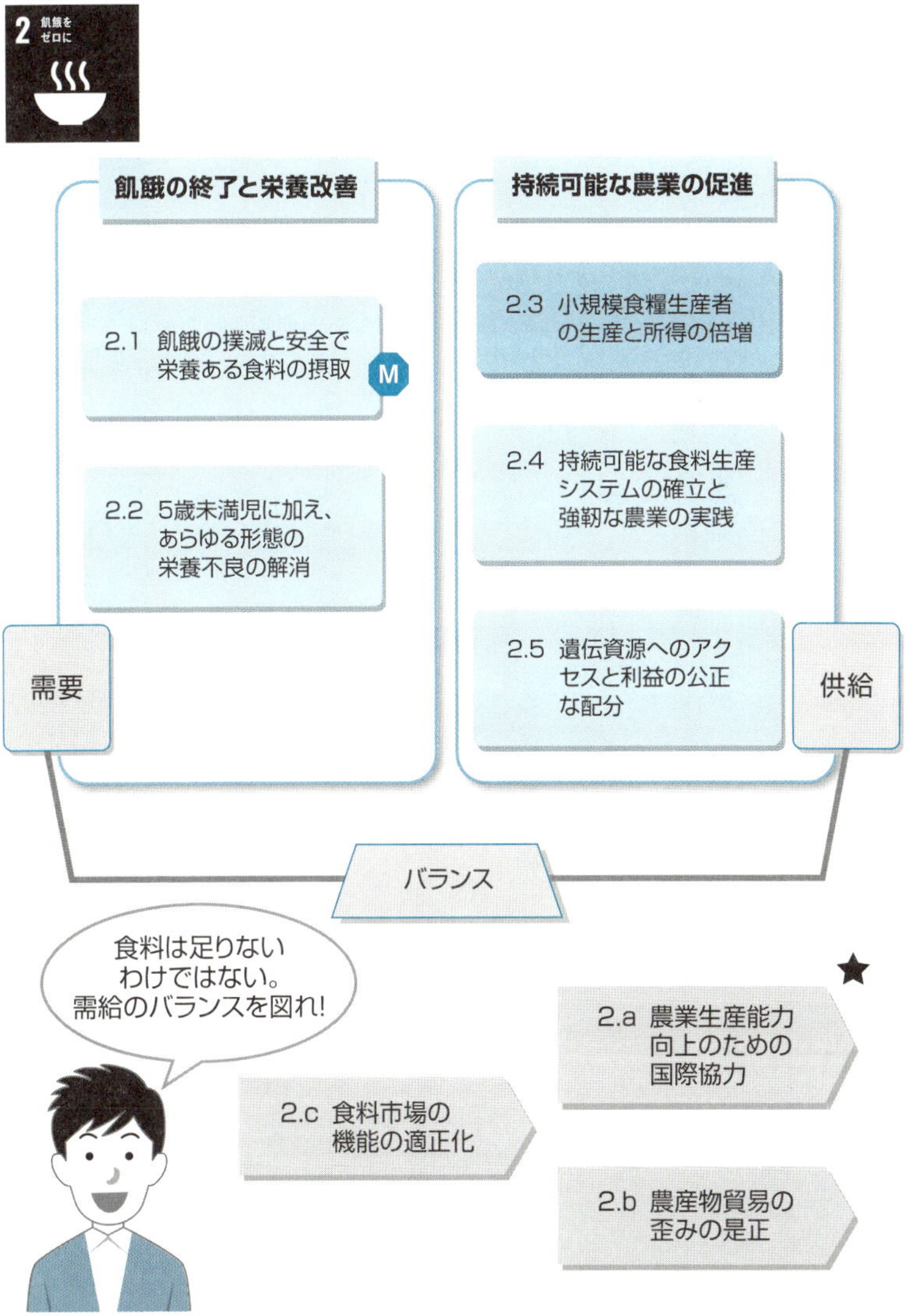

出所：「我々の世界を変革する：持続可能な開発のための2030年アジェンダ」（外務省仮訳）2015年などを参照し独自に作図

目標2：飢餓をゼロに③
日本とビジネス

1．日本の進捗状況

日本の進捗状況は、意外や68・0ポイントと低い状況にあります。その要因は、供給サイドで作物の生産でNUE（窒素使用効率）が悪いことが影響しているようですが、この指標は国連の指標には含まれていません。

2．日本の特記事項

農林水産業の生産性向上など、供給サイドのターゲットに課題を抱えています。

また、需要と供給の双方に跨る課題として、目標12（つくる責任つかう責任）でも対象となる**食品ロス**の問題を抱えています。

3．日本政府の関連施策

農林水産業の生産性向上や災害リスクへの対応、スマート農業化などの取組が挙げられます。総じて、供給サイドに軸足を置いた施策となっています。

4．ビジネスアクション

栄養不良と飢餓を終わらせること、並びに食品ロスに貢献する新製品やサービスの開発や業務の改革に取り組むことなどが考えられます。

5．SDGs相互関係

目標2に係わるアクションを取る場合、水に依存した灌漑技術や化学肥料の使用が、水資源（目標6）にストレスを与え、温室効果ガスの放出（目標13）につながり、化学肥料の水資源への浸透（目標14）につながるリスク、また糖質の高い食品が、慢性病（目標3）、農業従事者の虐待（目標8）につながるリスクに留意する必要があります。

figure

目標2：飢餓をゼロに　日本とビジネス

1．日本の進捗状況	68.0 ポイント	C　重要な課題を残している
2．日本政府の施策（実施指針／取組）	③成長市場の創出、地域活性化、科学技術イノベーション	・農山漁村の活性化、地方等の人材育成（ターゲット 2.3、2.4） ・農林水産業・食品産業のイノベーションやスマート農林水産業の推進、成長産業化（ターゲット 2.4）
	④持続可能で強靱な国土と質の高いインフラの整備	・防災(「レジリエント防災・減災」の構築や、災害リスクガバナンスの強化、エネルギー・インフラの強靭化、食料供給の安定化等)（ターゲット 2.4）
	⑥生物多様性、森林、海洋等の環境の保全	・持続可能な農林水産業の推進や林業の成長産業化（ターゲット 2.4）
3．ビジネスアクション	☑自社が業務を行う周辺のすべてのコミュニティにおいて、栄養不良と飢餓を終わらせることに貢献するように、食品の製造、流通そして小売を変革する。 ☑特に、最も開発が遅れている国や脆弱な住民に対して、確実で働きがいのある人間らしい仕事（ディーセント・ワーク）を生み出すことに参画する。 ☑食品の無駄とロスの削減に向て働きかける。	
4．キーワード	サハラ以南アフリカ／（Sub-Saharan Africa）	アフリカのうちサハラ砂漠より南の地域を指す。英語で、サブサハラアフリカ、略してサブサハラともいう。サブは以南の意味。

SDGs 相互関係

17の目標 ＼ 2. 飢餓	1 貧困	2 飢餓	3 健康	4 教育	5 ジェンダー	6 水	7 エネルギー	8 働き	9 産業	10 不平等	11 まち	12 責任	13 気候	14 海	15 陸	16 平和	17 パートナー
ポジティブ	○	■	○	○	○			○	○				○	○			
リスク		■	✓			✓		✓					✓	✓			

目標3：すべての人に健康と福祉を①

健康と福祉についての事実と数字

CHAPTER 3 7

大局を掴もう

SDGsの目標3を含む目標1から目標6までは、SDGsの5つの重要領域の中で主として「人間（People）」に係わるもので、MDGsが主たる対象としてきた領域です。

健康問題については、MDG4（乳幼児死亡率の削減）、MDG5（妊産婦の健康の改善）、そしてMDG6（HIV／エイズ、マラリア、その他の疾病の蔓延防止）と、MDGsの全8つの目標のうちの3つの目標で取り上げられました。

妊産婦死亡率は2000年以来、37%減少するなど、平均寿命を延ばし、母子の死亡と関連付けられている一般的な死因のいくつかを減らすという点では、長足の進歩が見られたとされています。

グローバルな重要課題

5歳未満児の死亡率は、大きく改善したものの、依然として年間500万人超（2017年は540万人）に達しています。

また、開発途上地域の妊産婦死亡率が、先進地域の14倍にも達しているなど、熟練した分娩医療の改善が必要とされています。

健康に係わる課題が、経済的、社会的弱者に偏重していることも明らかです。地域としては、サハラ以南のアフリカと南アジアに集中しており、SDG1（貧困）およびSDG4（教育）が大きな障害になっていることがわかります。

figure

目標3：すべての人に健康と福祉を　事実と数字

3 すべての人に健康と福祉を

小児保健

	項目	数字
	5歳未満で死亡する子ども	500万人超／年
地域	5歳未満で死亡する子どものサハラ以南アフリカと南アジア地域の割合	4/5
SDG1 貧困	貧困な家庭の5歳未満での死亡確率	比較的裕福な家庭の2倍
SDG4 教育	母親の教育水準と子どもの生存確率の関係	教育を受けた母親の方が高い

妊産婦保険

項目	数字
開発途上地域の妊産婦死亡率	先進地域の14倍
開発途上地域の産前ケア受診率	2012年 83%
開発途上地域で推奨される医療を受けられる女性の割合	半分

感染症

項目	数字
全世界のHIV感染者数	2017年 3690万人
エイズ関連の疾病による死亡者数	2017年 94万人

MDG4（乳幼児死亡率の削減）4.A
MDG5（妊産婦の健康の改善）5.A,B
MDG6（HIV／エイズ、マラリア、その他の疾病の蔓延防止）6.A,B,C

出所：「SDGs：事実と数字」国際連合広報センター、2018年などを参照し独自に作図

CHAPTER 3

8

目標3：すべての人に健康と福祉を②
ターゲットMap

目標3：すべての人に健康と福祉を（Good health and well-being）
あらゆる年齢のすべての人々の健康的な生活を確保し、福祉を促進する

2030グローバル目標

①**MDGsの踏襲**：ターゲットMap上での［**M**］の印で示したように、関連する次のMDGsの目標が引き継がれていることがわかります。

・MDG4（乳幼児死亡率の削減）
・MDG5（妊産婦の健康の改善）
・MDG6（HIV／エイズ、マラリア、その他の疾病の蔓延防止）

②**ターゲットの構成**：SDG3を構成する13のターゲットは、ターゲットMapで表現したように次のような構成となっています。

・「健康生活の確保」として、**感染症**や**非感染症**、そして交通事故を含む死亡率の削減
・「福祉の促進」として、保険や医薬品へのアクセス

ビジネスの視点から

13のターゲットのうち、施策系を除く9つのターゲットのすべてが何らかの形でビジネスに関係しています。また、ビジネスと深く関係するターゲットも6件にもおよびます。

ターゲット3・6（交通事故死の半減）について、高齢者による事故が頻繁に報道される中で自動車産業、ICT（情報通信技術）産業の貢献が期待されています。

figure

目標3：すべての人に健康と福祉を　ターゲットMap

3 すべての人に健康と福祉を

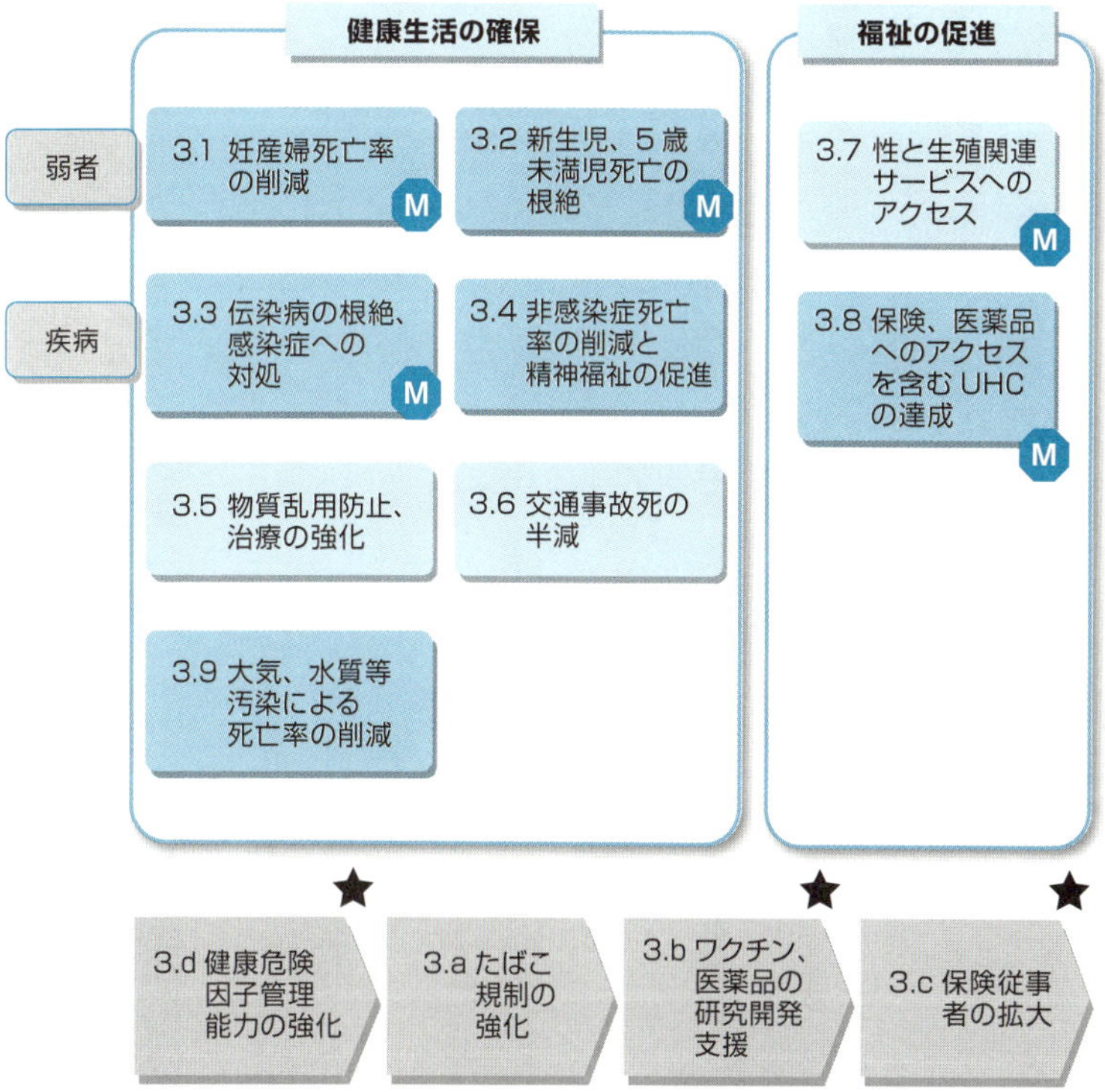

出所：「我々の世界を変革する：持続可能な開発のための2030年アジェンダ」（外務省仮訳）2015年などを参照し独自に作図

CHAPTER 3 9

目標3：すべての人に健康と福祉を③
日本とビジネス

1．日本の進捗状況

日本の進捗状況は、94・9ポイントと高い状況にあります。

2．日本の特記事項

日本の特徴としては、**少子高齢化**、**人生100年時代**など、目標3のターゲットの対象には挙げられていないローカルな重要なテーマを抱えています。また、ターゲット3・6（交通事故死の半減）についても、高齢ドライバーによる事故が増加傾向にあります。

3．日本政府の関連施策

①国内の取組：健康・医療・介護分野におけるICTやデータの利活用を推進させる「データヘルス改革」や、企業等が従業員の健康保持・増進に取り組む「健康経営」

②国際的な取組：**ユニバーサル・ヘルス・カバレッジ**（UHC）の推進のための国際協力が進められています。

4．ビジネスアクション

健康上の成果の向上を目的とした新サービスの開発や、サプライチェーン業務にわたる従業員の健康を確保することなどが考えられます。

5．SDGs相互関係

目標3に係るアクションを取る場合、砂糖、たばこ、そしてアルコールの摂取の削減が求められることになり、農業および食品製造の経済成長に、短期的には負のインパクトを与える可能性があることに留意する必要があります。

figure

目標3：すべての人に健康と福祉を　日本とビジネス

3 すべての人に健康と福祉を

1. 日本の進捗状況	94.9 ポイント	B　課題を残している
2. 日本政府の施策（実施指針／取組）	②健康・長寿の達成	・データヘルス改革の推進（ターゲット 3.b、3.d） ・国内の健康経営の推進（目標 3） ・感染症対策等保健医療の研究開発（ターゲット 3.b） ・ユニバーサル・ヘルス・カバレッジ推進のための国際協力（目標 3） ・医療拠点の輸出（目標 3） ・アジア・アフリカにおける取組（目標 3）
	⑥生物多様性、森林、海洋等の環境の保全	・大気，化学物質規制対策（ターゲット 3.9）
3. ビジネスアクション	☑健康上の成果の向上を目的として、製品、サービス、そしてビジネスモデルを調査、開発そして展開する。 ☑自社並びにサプライチェーン業務にわたる従業員および周辺のコミュニティに対して、可能な最良の健康上の成果を確保する。 ☑健康的な習慣を促進し、医療へのアクセスを改善するマルチ・ステークホルダー・イニシアチブをリードする。	
4. キーワード	ユニバーサル・ヘルス・カバレッジ（UHC;Universal Health Coverage）	すべての人が、適切な健康増進、予防、治療、機能回復に関するサービスを、支払い可能な費用で受けられること。

SDGs 相互関係

17の目標 ＼ 3. 健康	1 貧困	2 飢餓	3 健康	4 教育	5 ジェンダー	6 水	7 エネルギー	8 働き	9 産業	10 不平等	11 まち	12 責任	13 気候	14 海	15 陸	16 平和	17 パートナー
ポジティブ	○	○	■	○	○	○		○	○					○	○		
リスク			■					✓				✓					

CHAPTER 3 10

目標4：質の高い教育をみんなに①
教育についての事実と数字

大局を掴もう

SDGsの目標1から目標6までは、SDGsの5つの重要領域の中で主として「人間（People）」に係わるものです。

教育問題では、MDG2（初等教育の完全普及の達成）とMDG3（ジェンダー平等の推進と女性の地位向上）で取り上げられており、過去10年間で、あらゆるレベルの教育へのアクセスの改善、特に女性と女児の就学率向上に向けて大きな前進が達成され、一定の成果が認められます。

例えば、

・開発途上国の**初等教育の就学率**は、91％に達している。

・基本的な読み書き算術の能力を持たない若者数も、約6億人にまで下げることに成功しています。

グローバルな重要課題

すべての人々が、質の高い教育の機会を得ることは、持続可能な開発を生み出すための基盤となります。

先に触れたように、開発途上国の初等教育就学率が91％に達したとはいっても、開発途上国では、いまだ5700万人の子どもが学校に通えていないという現実があります。この問題は、特に紛争地域において顕著に表れています。

SDGsの価値観である「誰一人取り残さない」ために、次のステージへと展開する必要があるのです。

figure

目標4：質の高い教育をみんなに　事実と数字

4 質の高い教育をみんなに

未就学児童

開発途上国の初等教育未就学児童数	5700万人
学校に通えない子どもの半数以上が暮らす地域	サハラ以南のアフリカ
小学校就学年齢で未登校の子どもが50% 暮らす地域	紛争地域

リテラシー

基本的な読み書き算術の能力を持たない若者の数	6億1700万人

MDG2（初等教育の完全普及の達成）2.A
MDG3（ジェンダー平等の推進と女性の地位向上）3.A

出所：「SDGs：事実と数字」国際連合広報センター、2018年などを参照し独自に作図

CHAPTER 3 11

目標4：質の高い教育をみんなに② ターゲットMap

目標4：質の高い教育をみんなに（Quality education）
すべての人に包摂的かつ公正な質の高い教育を確保し、生涯学習の機会を促進する

2030グローバル目標

①**MDGsの踏襲**：まず、MDG2（初等教育の完全普及の達成）とMDG3（ジェンダー平等の推進と女性の地位向上）と比較してみましょう。MDGターゲット2・AがSDGターゲット4・1に、そしてMDGターゲット3・AがSDGターゲット4・5に、引き継がれています。

②**ターゲットの構成**：SDG4を構成する10のターゲットは、次のような構造になっています。

・「就学前～初等～中等教育」へのアクセス
・高等教育や職業訓練などの「高等～生涯学習」へのアクセス
・施策系のターゲットとして、奨学金、教育施設そして教員といった三つの資源への対応が取り上げられています。

中でも、ターゲット4・7（**持続可能な開発のための教育**（**ESD**））を明示したことが注目されます。

ビジネスの視点から

施策系を除く7件中6件のターゲットが何らかの形でビジネスに関係し、ビジネスと深く関係するターゲットは4件にもおよびます。

figure

目標4：質の高い教育をみんなに　ターゲットMap

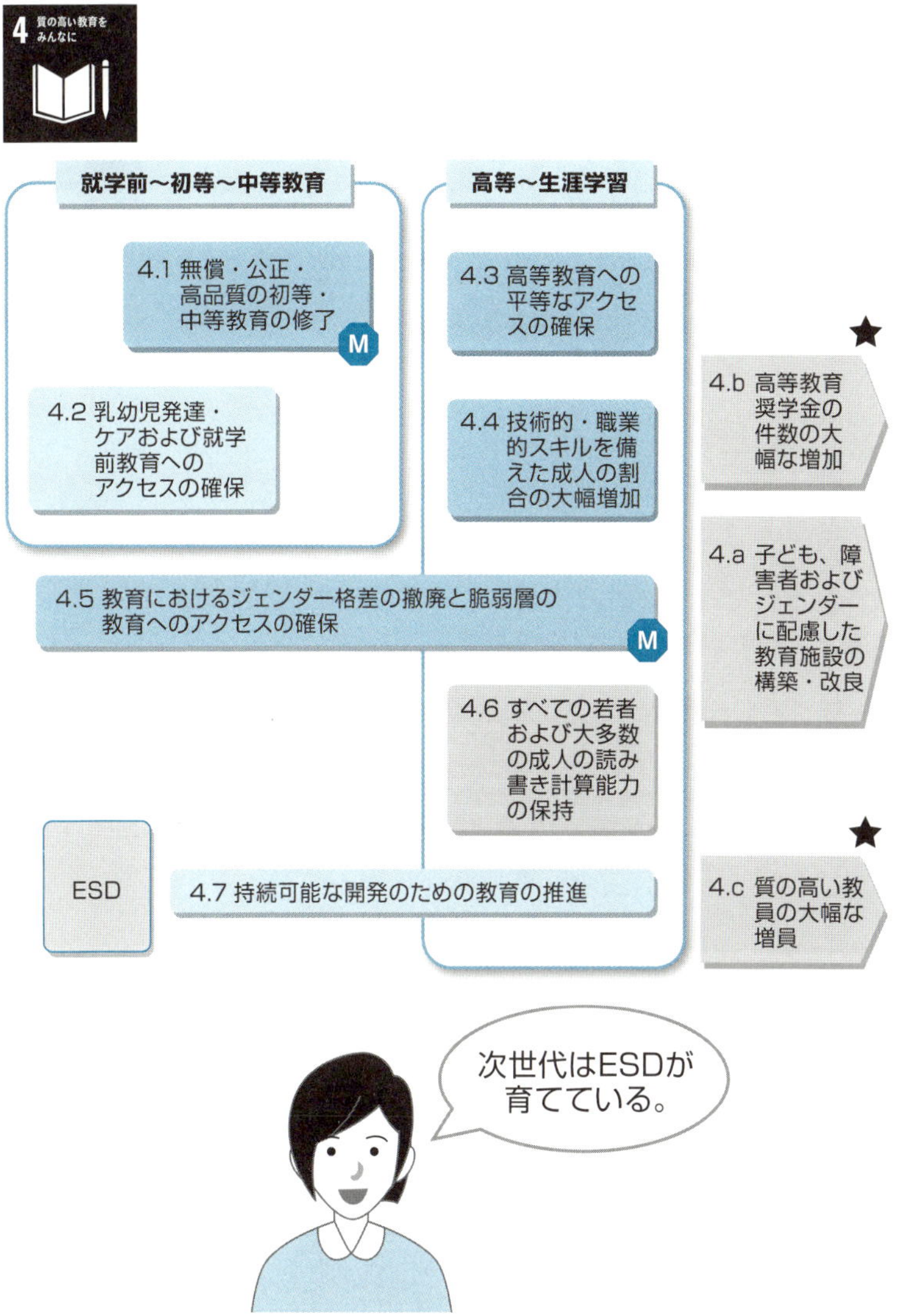

出所：「我々の世界を変革する：持続可能な開発のための2030年アジェンダ」（外務省仮訳）2015年などを参照し独自に作図

CHAPTER 3 12

目標4：質の高い教育をみんなに③ 日本とビジネス

1．日本の進捗状況

日本の進捗状況は、98・1ポイントと非常に高い評価になっています。ベルテルスマン財団のレポートによれば、SDG9（産業と技術革新の基盤をつくろう）と共に、SDGを達成しているとされています。

2．日本の特記事項

日本は、ESD（持続可能な開発のための教育）の推進のリーダー的存在でもあります。

3．日本政府の関連施策

「次世代の教育振興」として、幼児教育の無償化。初等中等教育の充実。そして、給付型奨学金制度、授業料免除などの拡充による高等教育の負担軽減などを掲げています。また、学習指導要領が改訂され、2020年からSDGsが小、中、高等学校の教科に含まれることになりました。

4．ビジネスアクション

自社並びにサプライチェーンをまたがるすべての従業員に対して、職業訓練と生涯教育の機会へのアクセスを保証し、教育へのアクセスと学習の成果を向上させる製品やサービスを研究、開発し、展開することなどが考えられます。

5．SDGs相互関係

目標4は、人間の力を最大限に引き出す共通のイネイブラーとして、広く他のSDGsの促進に役立ちます。一方で、既存の不平等をさらに悪化させるリスクがあることに留意する必要があり、包摂性の配慮が重要になります。

figure

目標4：質の高い教育をみんなに　日本とビジネス

1．日本の進捗状況	98.1 ポイント	A　SDG を達成している
2．日本政府の施策（実施指針／取組）	①あらゆる人々の活躍の推進	・次世代の教育振興（ターゲット 4.7、4.a、4.b）
3．ビジネスアクション	☑自社並びにサプライチェーンをまたがるすべての従業員に対して、職業訓練と生涯教育の機会へのアクセスを保証する。 ☑自社並びにサプライチェーンをまたがるすべての従業員に対して、扶養家族に対する教育を支援するに足る賃金を保証する。 ☑高等教育をサポートし、特に教育上不利なグループに対して無料で公平な包括的な初等および中等教育へのアクセスするプログラムを導入する。 ☑教育へのアクセスと学習の成果を向上させる製品やサービスを研究、開発し、展開する。	
4．キーワード	持続可能な開発のための教育（ESD：Education for Sustainable Development）	持続可能な開発を実現するために発想し行動できる人材を育成する教育。持続可能でない将来を招く課題を自らの問題としてとらえ、身近なところから取り組む（Think globally, Act localy）ことにより、それらの課題の解決につながる新たな価値観や行動を生み出すこと、そしてそれによって持続可能な社会を創造していくことを目指す学習や活動を指す。

SDGs 相互関係

4. 教育 ＼ 17の目標	1 貧困	2 飢餓	3 健康	4 教育	5 ジェンダー	6 水	7 エネルギー	8 働き	9 産業	10 不平等	11 まち	12 責任	13 気候	14 海	15 陸	16 平和	17 パートナー
ポジティブ	○	○	○	■	○	○			○	○		○				○	
リスク				■	✓					✓							

CHAPTER 3

13

目標5：ジェンダー平等を実現しよう①
ジェンダー平等についての事実と数字

大局を掴もう

SDGsの目標1から目標6までは、SDGsの5つの重要領域の中で主として「人間（People）」に係わるもので、MDGsが主たる対象としてきた領域でもあります。

MDG3（ジェンダー平等の推進と女性の地位向上）のターゲットは一つのみで、3・A（できれば2005年までに初等・中等教育において、2015年までにすべての教育レベルで、男女格差を解消する）というもので、教育に的が絞られているのが特徴でした。この目標については、低所得国に暮らす女子の約60％が初等教育を修了するなど大きな進展を見ています。

グローバルな重要課題

ここで、**ジェンダー**（gender）の本来の意味は、男らしさや女らしさなど、社会通念や習慣などを通じて後天的につくられた概念で、持って生まれた生物学的な雄雌を示すセックスとは区別されます。

ジェンダー平等を測る代表的な指標として取り上げられることの多い、「国会議員に占める女性の割合」は、日本が10％で193ヵ国中158位となっており、「世界ジェンダー・ギャップ報告書2018」によると、日本のジェンダー・ギャップ指数は149ヵ国中110位に留まっています。このジェンダーの平等は基本的人権であるだけでなく、平和かつ豊かで持続可能な世界に必要な基盤でもあります。

figure

目標5：ジェンダー平等を実現しよう　事実と数字

5 ジェンダー平等を実現しよう

ジェンダー平等

パートナーから1年以内に身体的／性的暴力を受けた女性と女児の割合	1/5
女性の未成年結婚	7億500万人
女性器切除術体験者	30カ国 2億人
女性の農地所有者の割合	13%
女性を家庭内暴力から守る法律がない国	49カ国
性的関係、避妊手段を自身で決定できる婚姻女性の割合	52%
ジェンダー平等への予算を追跡している国	100カ国以上

女性のエンパワーメント

妻の労働を夫が合法的に禁止可能な国	18カ国
女性国会議員の割合	23.7%

MDG3（ジェンダー平等の推進と女性の地位向上）3.A

ジェンダー平等は
依然として
世界的な課題です。

出所：「SDGs：事実と数字」国際連合広報センター、2018年などを参照し独自に作図

CHAPTER 3
14

目標5：ジェンダー平等を実現しよう② ターゲットMap

目標5：ジェンダー平等を実現しよう（Gender equality）
ジェンダー平等を達成し、すべての女性および女児の能力強化を行う

2030グローバル目標

①**MDGsの踏襲**：MDG3（ジェンダー平等の推進と女性の地位向上）は教育が中心となっていました。そのため、SDG4（質の高い教育をみんなに）に引き継がれており、SDG5のターゲットMap上では対応するターゲットは存在しません。

②**ターゲットの構成**：SDG5を構成する9つのターゲットは、ターゲットMapで表現したように、ターゲット・レベルで見ると大きく次の二つのグループから構成されているのがわかります。

・「**ジェンダー平等**の達成」として、女性や女児に対する差別の撤廃や暴力の排除など
・「**女性のエンパワーメント**」として、シャドーワークとも呼ばれている無報酬労働としての、家事労働や育児、そして介護などに対する経済価値の認識、そして女性のリーダーシップ機会の確保など

ビジネスの視点から

ターゲットのうち、施策系を除く6件中5件のターゲットが何らかの形でビジネスに関係しています。また、ビジネスと深く関係するターゲットは4件にもおよびます。

figure

目標5：ジェンダー平等を実現しよう　ターゲットMap

5 ジェンダー平等を実現しよう

ジェンダー平等の達成

- 5.1 女性および女児に対する差別の撤廃
- 5.2 女性および女児に対する暴力の排除
- 5.3 未成年者結婚、女性性器切除など有害慣行の撤廃
- 5.6 性と生殖に関する健康および権利へのアクセスの確保

女性のエンパワーメント

- 5.4 無報酬の育児・介護や家事労働の認識・評価
- 5.5 女性の参画およびリーダーシップ機会の確保

- 5.a 女性に対し、オーナーシップおよび経済的資源に対するアクセスを与える改革に着手
- 5.c 政策と法規の導入・強化
- 5.b ICT他女性の能力強化促進のための実現技術の活用強化

日本はジェンダー平等後進国からの脱出を目指せ！

出所：「我々の世界を変革する：持続可能な開発のための2030年アジェンダ」（外務省仮訳）2015年などを参照し独自に作図

CHAPTER 3 15

目標5：ジェンダー平等を実現しよう③
日本とビジネス

1. 日本の進捗状況

日本の進捗状況は58・5ポイントであり、目標12（つくる責任つかう責任）、目標14（海の豊かさを守ろう）と共に非常に低い評価に留まっています。その背景として、国会議員に占める女性の割合、ジェンダーによる賃金格差、といった指標が最低評価であることが挙げられます。

2. 日本の特記事項

日本は、依然として男社会であり、少子高齢化が進む中では、**ジェンダー平等**の推進が不可欠になっています。

3. 日本政府の関連施策

「女性の活躍推進」として、次の取組が含まれています。

・政策・方針決定過程への女性の参画拡大
・経済分野における女性リーダーの育成
・男性の家事・育児などへの参画推進
・東京証券取引所と共同で、女性活躍推進に優れた上場企業を「なでしこ銘柄」として紹介

4. ビジネスアクション

新サービスの開発と、サプライチェーンの全般を通じて、ジェンダー・バランスに配慮することが考えられます。

5. SDGs相互関係

SDG5は教育と同様に、広く他のSDGsの促進に役立つイネイブラとなることが期待されています。特徴としては、SDG5を推し進めることで特に重要なトレードオフが生じないことがあります。

figure

目標5：ジェンダー平等を実現しよう　日本とビジネス

5 ジェンダー平等を実現しよう

1．日本の進捗状況	58.5 ポイント	D　重大な課題を残している
2．日本政府の施策（実施指針／取組）	①あらゆる人々の活躍の推進	・女性の活躍推進（目標5） ・若者・子ども，女性に対する国際協力（目標5）
3．ビジネスアクション	☑女性に権限を与える製品やサービスを開発し、マーケティング活動を導入する。 ☑職場、市場そしてコミュニティで、ジェンダーに起因する差別から免れ、予防する方針や慣行を導入する。 ☑自社ビジネス並びにサプライチェーンをまたがって、すべてのレベルにおける女性の雇用を支援し、ジェンダー・バランスの維持に努める。 ☑投資、コミュニティ・イニシアチブ、そして擁護を通じて、ジェンダー平等を促進させる。	
4．キーワード	ジェンダー	ジェンダーの本来の意味は、男らしさや女らしさなど、社会通念や習慣などを通じて社会的、文化的につくられた後天的な男女の性の概念を指す。持って生まれた生物学的な雄雌を示すセックスとは区別される。

SDGs 相互関係

17の目標 / 5. ジェンダー	1 貧困	2 飢餓	3 健康	4 教育	5 ジェンダー	6 水	7 エネルギー	8 働き	9 産業	10 不平等	11 まち	12 責任	13 気候	14 海	15 陸	16 平和	17 パートナー
ポジティブ	○		○	○	■			○		○						○	
リスク					■												

CHAPTER 3 16

目標6：安全な水とトイレを世界中に①
安全な水とトイレについての事実と数字

●大局を掴もう

SDGsの目標1から目標6までは、SDGsの5つの重要領域の中で主として「人間（People）」に係わるもので、MDGsが主たる対象としてきた領域です。水とトイレの問題については、MDG7（環境の持続可能性確保）にあった4つのターゲットの一つ、ターゲット7・C（2015年までに、安全な飲料水と基礎的な衛生施設を持続可能な形で利用できない人々の割合を半減させる）で取り上げられており、一定の成果が見られています。

つまり、過去10年間で、飲料水源と衛生施設については大きな前進が見られており、世界人口の90％を超える人々が、改良飲料水源にアクセスできるようになっています。

●グローバルな重要課題

①**飲料水**：安全な飲料水サービスを利用できない人の割合が依然として10分の3、つまり21億4000万人にものぼります。このことは、女児が水汲みをするなどによって、学校へ通ったり勉強をする時間がとれないなどの要因にもなっています。

②**衛生**：トイレや公衆便所といった**基本的衛生サービス**を利用できない人の割合は、10分の6で、屋外排泄を継続している人が9億人でした（2017年は6億7000万人）。

③**災害**：さらには、自然災害による死者のうちで、水関連の災害の占める割合が70％も占めています。

figure

目標6：安全な水とトイレを世界中に　事実と数字

水

安全な飲料水サービスを利用できない人の割合	3/10
子どもの水と衛生関連の死亡者数	1000人／日
水不足の影響を受けている人の割合	40%以上
敷地内で水が得られない世帯で女性と女児が水汲み担当をする割合	80%

衛生

安全な衛生施設を利用できない人の割合	6/10
基本的衛生サービスを利用できない人	40億人
屋外排泄を継続している人	8億9200万人以上

排水を河川や海に投棄している割合	80%以上

災害

自然災害に占める水関連災害の死者の割合	70%

MDG7（環境の持続可能性の確保）7.C

出所：「SDGs：事実と数字」国際連合広報センター、2018年などを参照し独自に作図

目標6：安全な水とトイレを世界中に②
ターゲットMap

CHAPTER 3
17

目標6：安全な水とトイレを世界中に（Clean water and sanitation）
すべての人々の水と衛生の利用可能性と持続可能な管理を確保する

2030グローバル目標

①**MDGsの踏襲**：MDG7（環境の持続可能性の確保）と比較してみましょう。ターゲットMap上での［M］の印の分布状況を見ると、SDGターゲット6・1と6・2にMDGターゲット7・C（2015年までに、安全な飲料水と基礎的な衛生施設を持続可能な形で利用できない人々の割合を半減させる）が引き継がれていることがわかります。

②**ターゲットの構成**：SDG6を構成する8つのターゲットは、ターゲットMapで表現したように、タイトルに従って、「水」と「衛生」の大きく二つから構成されています。MDGsと比較してみると、MDG7（環境の持続可能性の確保）が対象としていた「アクセス（利用可能性）」に加え、新たに水質の改善や統合水資源管理といった「持続可能な管理」に関するターゲットが追加された構成になっていることがわかります。

ビジネスの視点から

ターゲットのうち、施策系を除く6件中5件のターゲットが何らかの形でビジネスに関係しています。また、ビジネスと深く関係するターゲットは4件にもおよびます。

figure

目標6：安全な水とトイレを世界中に　ターゲットMap

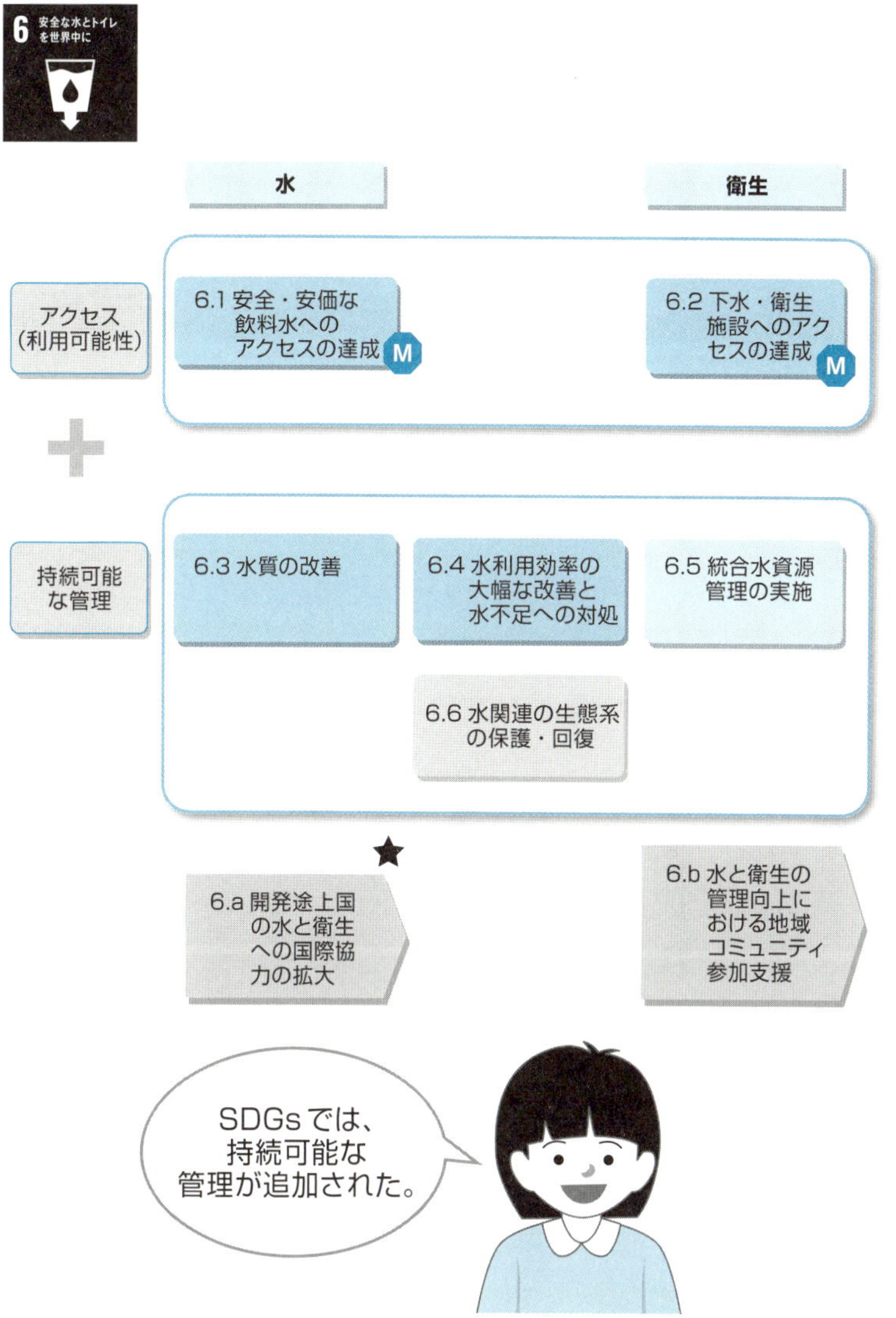

出所：「我々の世界を変革する：持続可能な開発のための2030年アジェンダ」（外務省仮訳）2015年などを参照し独自に作図

CHAPTER 3

18

目標6：安全な水とトイレを世界中に③ 日本とビジネス

1. 日本の進捗状況

日本の進捗状況は、ベルテルスマン財団のレポートによれば、84・5ポイントと高いとはいえない状況にあります。その背景として、

・再生可能な水資源からの良質でフレッシュな水の回収率

・輸入地下水の消費量

といった評価がやや低いことが影響しています。ここで、輸入地下水については、国連のグローバル指標に含まれていない指標です。

2. 日本の特記事項

SDG6については、水道水の質量ともに高く、水洗トイレが普及している日本に居住していると見えてこない課題の一つといえます。

3. 日本政府の関連施策

著者が確認した限りでは、SDG6にひもづけられる重要施策は見当たりません。

4. ビジネスアクション

サプライチェーン全般を通じた水に関する戦略を策定し、水に係わるエコシステムの保護をはかり、ステークホルダーの水と衛生施設へのアクセスを保障することなどが考えられます。

5. SDGs相互関係

例えば、水不足に対応するために、農業で水を配給制にするようなケースでは、食品の生産に影響を与える可能性があります。それが、目標2（飢餓をゼロに）のリスク要因ともなることに留意する必要があります。

figure

目標6：安全な水とトイレを世界中に　日本とビジネス

1．日本の進捗状況	84.5 ポイント	B　課題を残している
2．日本政府の施策（実施指針／取組）	著者が確認した限りでは、特に該当する施策はない	—
3．ビジネスアクション	☑自社とサプライチェーンの水域を対象とする、社会的に平等で、環境的に持続可能で、経済的に有益な、水に関する包括的な戦略を策定し実行する。 ☑自社とサプライチェーンの業務に係わる水を基準としたエコシステムを保護または回復させる。 ☑自社とサプライチェーンの業務が地域の水の供給に与えるインパクトを理解し、清潔な水と衛生施設を提供することを支援することにより、ステークホルダーの水と衛生施設へのアクセスを保証する。	
4．キーワード	水ストレスレベル	水不足を示す指標。地域で人間が利用できる年間水量のうちどれだけ使用しているかを示す指標で、40％を超えると高ストレス状態とされる。
	統合水資源管理（IWRM：Integrated Water Rsources Management）	生態系と環境の持続可能性を危険にさらすことなく、経済並びに社会福祉を最大化するため、水、土地、その他の資源を調整された形で開発し管理することを促進するプロセスを指す。

SDGs 相互関係

17の目標 / 6. 水	1 貧困	2 飢餓	3 健康	4 教育	5 ジェンダー	6 水	7 エネルギー	8 働き	9 産業	10 不平等	11 まち	12 責任	13 気候	14 海	15 陸	16 平和	17 パートナー
ポジティブ	○		○	○	○	■		○						○	○		
リスク		✓				■	✓										

CHAPTER 3

19

目標7：エネルギーをみんなにそしてクリーンに①
エネルギーについての事実と数字

大局を掴もう

SDGsの目標7から目標11までは、SDGsの5つの重要領域の中で主として「豊かさ（Prosperity）」に係わるもので、エネルギーはMDGsでは対象外となっていました。SDGsでは、持続可能な開発の三つの側面の中の「経済」として取り上げられるようになった領域です。世界的に見ると、このエネルギー分野は、水力、太陽光、風力による**再生可能エネルギー**の利用で前進が見られており、GDP1単位当たりエネルギー使用量も改善しているとされています。

グローバルな重要課題

エネルギーに関する課題は、SDG13（気候変動に具体的な対策を）と共に、世界が直面している主要な脅威と機会の中心的な存在です。

①安価・信頼性の面では、

・調理や暖房に薪や石炭などを利用している人が、依然として30億人にものぼり

・可燃燃料の屋内空気汚染による死者が４３０万人（２０１２年）にも達しているなど世界的に見ると大きな課題を抱えています。

②持続可能性の面では、

・エネルギーが**温室効果ガス**の排出量に占める割合が60％と高いにもかかわらず、

・再生可能エネルギーの最終エネルギー消費に占める割合が17・5％（２０１５年）に留まっています。

figure

目標7：エネルギーをみんなにそしてクリーンに　事実と数字

7 エネルギーをみんなに そしてクリーンに

安価・信頼性

現代的電力を利用できない人	13%
薪、石炭、木炭他を調理や暖房に利用	30億人
可燃燃料の屋内空気汚染による死者（2012年）	430万人

持続可能性

最終エネルギー消費に再生可能エネルギーが占める割合（2015年）	17.5%
エネルギーが温室効果ガス排出量に占める割合	60%

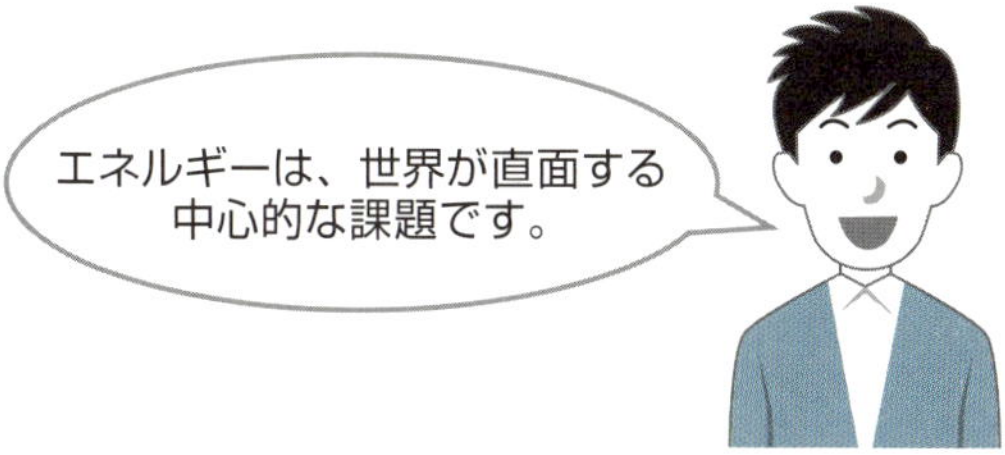
エネルギーは、世界が直面する中心的な課題です。

出所：「SDGs：事実と数字」国際連合広報センター、2018年などを参照し独自に作図

目標7：エネルギーをみんなにそしてクリーンに②ターゲットMap

CHAPTER 3

20

> 目標7：エネルギーをみんなにそしてクリーンに
> (Affordable and clean energy)
> すべての人々の、安価かつ信頼できる持続可能な近代エネルギーへのアクセスを確保する

ここで、目標の英文タイトルにある「アフォーダブル（Affordable）」とは、手頃な価格という意味で使われています。つまり、手頃な価格でクリーンなエネルギーにアクセスできることを意味します。

2030グローバル目標

①**MDGsでの取り扱い**：SDG7のエネルギーについては、MDGsでは対象外となっていた領域です。

②**ターゲットの構成**：SDG7を構成する5つのターゲットは、ターゲットMapで表現したように、SDG6（水）と同様に、大きく、「アクセス（利用可能性）」と「持続可能な管理」の二つから構成されています。

ここで、持続可能な管理については、ターゲット7・3（**エネルギー効率**の改善率の倍増）と7・2（**再生可能エネルギー比率**の大幅拡大）の二つの目標が取り上げられていることに注目してください。

ビジネスの視点から

ターゲットのうち、施策系を除く3件のターゲットのすべてが何らかの形でビジネスに関係しています。また、ビジネスと深く関係するターゲットが、ターゲット7・2と7・3の2件あります。

figure

目標7：エネルギーをみんなにそしてクリーンに　ターゲットMap

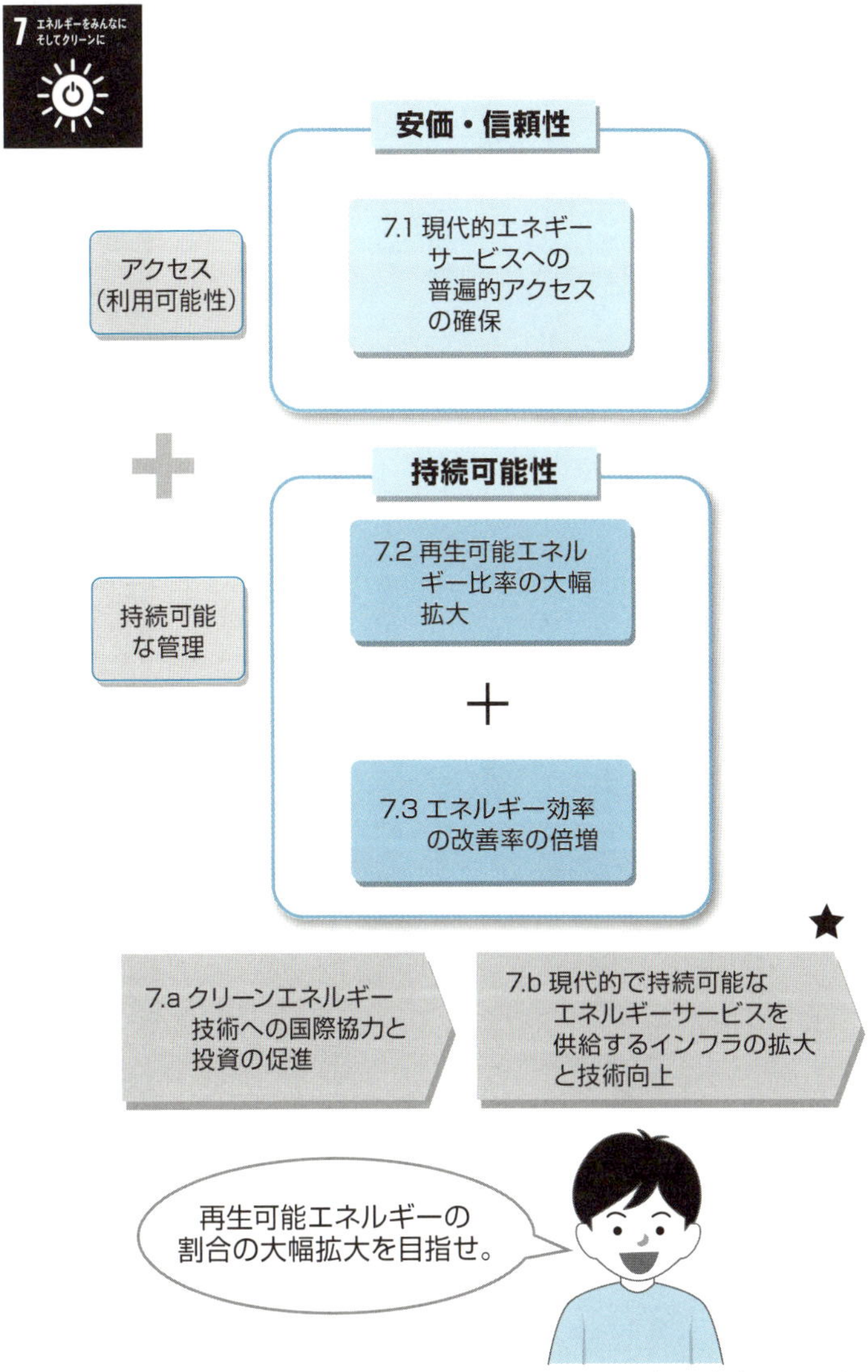

出所：「我々の世界を変革する：持続可能な開発のための2030年アジェンダ」（外務省仮訳）2015年などを参照し独自に作図

CHAPTER 3 21

目標7：エネルギーをみんなにそしてクリーンに③
日本とビジネス

1. 日本の進捗状況

日本の進捗状況は、93・4ポイントですが、最終エネルギー消費量に占める再生可能エネルギーの比率が6・3％と非常に低いなど、評価はCで、重要な課題を残していると指摘されています。

2. 日本の特記事項

再生可能エネルギー比率の低さや、今日でも約30基の石炭火力発電所の新設を計画していることが問題になっています。

3. 日本政府の関連施策

①国内の取組：

・省エネ法に加え、補助金などの支援処置の両輪で省エネを推進

・バイオマスなど再生エネルギーの導入促進

・脱炭素イノベーション他のエネルギー科学技術に関する研究開発の推進

②国際協力的な取組：低炭素・脱炭素技術による国際展開・国際協力

4. ビジネスアクション

エネルギー効率を高める新製品の開発やサプライチェーンの構築が考えられます。

5. SDGs相互関係

水力発電など大規模なプロジェクトは、住民に移転を強い、貧困に追いやることにもつながります。また、バイオマス作物の栽培に農地を活用することは、飢餓や森林伐採を引き起こすことにもつながります。

figure

目標7：エネルギーをみんなにそしてクリーンに　日本とビジネス

7 エネルギーをみんなに そしてクリーンに

1．日本の進捗状況	93.4 ポイント	C　重要な課題を残している
2．日本政府の施策（実施指針／取組）	⑤省エネ・再エネ、気候変動対策、循環型社会	・徹底した省エネの推進（ターゲット7.3） ・再エネの導入促進（ターゲット7.2） ・エネルギー科学技術に関する研究開発の推進（目標7） ・国際展開・国際協力（ターゲット7.a、7.b）
3．ビジネスアクション	☑安価で持続可能なエネルギーとエネルギー効率の高い製品とサービスを研究、開発し、展開する。 ☑新たな市場とコミュニティに、持続可能なエネルギーとエネルギー効率を高めるテクノロジーを提供するためのビジネスモデルを開発し導入する。 ☑エネルギー効率を著しく向上させ、残りのエネルギー需要を再生可能な供給源から調達する。また、サプライヤーの選定とサポートを通じて、サプライチェーンを通じて同様のアクションを促進させる。	
4．キーワード	再生可能エネルギー	水力、風力、太陽光、地熱など、自然環境から継続的に採取できるエネルギーを指す。自然エネルギーと同義である。
	バイオマス燃料	バイオマス（生物の量）に含まれる炭素や水素を発酵、分解、燃焼することでエネルギーを取り出す。

SDGs 相互関係

17の目標 ＼ 7. エネルギー	1 貧困	2 飢餓	3 健康	4 教育	5 ジェンダー	6 水	7 エネルギー	8 働き	9 産業	10 不平等	11 まち	12 責任	13 気候	14 海	15 陸	16 平和	17 パートナー
ポジティブ	○		○				■	○	○	○	○		○				
リスク	✓	✓					■			✓					✓		

CHAPTER 3 22

目標8：働きがいも経済成長も①
働きがいと経済成長についての事実と数字

●大局を掴もう

SDGsの目標8は、目標7から目標11までと同様に、SDGsの5つの重要領域の中で主として「豊かさ（Prosperity）」に係わるものです。

MDGsでは「働きがい」について、MDG1（極度の貧困と飢餓の解消）のターゲット1・B（女性や若者を含め、完全かつ生産的な雇用とすべての人々の**ディーセント・ワーク**（働きがいのある人間らしい仕事）を達成する）の対象となっていました。

世界全体の失業率が5・7%であるものの、世界人口のおよそ半数は絶対的貧困とされる1日当たり約2ドル相当の金額で暮らしているとされています。これらは、仕事はあるものの、貧困から逃れられない状況にあることを示しているのです。

●グローバルな重要課題

発展途上国では、児童労働が課題になっています。また先進国では、社会的弱者である女性、障害者、移民などに対する差別、不公平な状態が続いています。

ジェンダーの不平等についていえば、男性の就労率94%に対して、女性の就労率が63%という状況に加えて、男性の賃金が女性の賃金を12・5%上回っています。遅々として進まないこれらの不公平な状況は、私たちに対して、貧困の根絶を目指す経済・社会政策を再考し、刷新することを求めているのです。

figure

目標8：働きがいも経済成長も　事実と数字

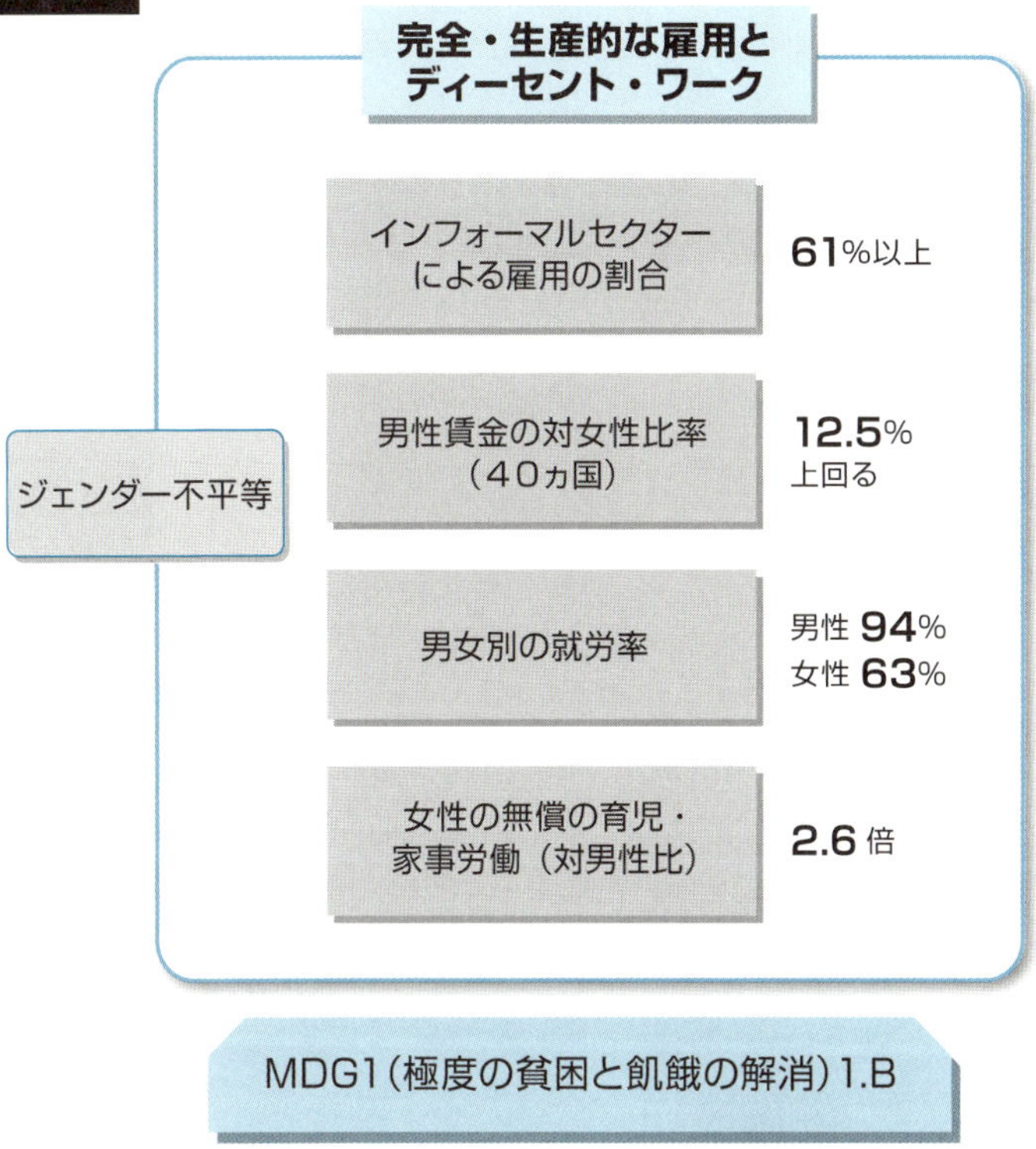

出所：「SDGs：事実と数字」国際連合広報センター、2018年などを参照し独自に作図

目標8：働きがいも経済成長も②
ターゲットMap

CHAPTER 3
23

目標8：働きがいも経済成長も（Decent work and economic growth）

包摂的かつ持続可能な経済成長およびすべての人々の完全かつ生産的な雇用と働きがいのある人間らしい雇用（ディーセント・ワーク）を促進する

2030グローバル目標

①**MDGsの踏襲**：MDG1（極度の貧困と飢餓の解消）と比較してみましょう。ターゲットMap上での［M］の印を見ると、SDGターゲット8・5にMDGターゲット1・B（女性や若者を含め、完全かつ生産的な雇用とすべての人々の**ディーセント・ワーク**（働きがいのある人間らしい仕事）を達成する）が引き継がれていることがわかります。

②**ターゲットの構成**：SDG8を構成する12件のターゲットは、ターゲットMapで表現したように、「包摂的・持続可能な経済成長の促進」と共に「完全・生産的な雇用とディーセント・ワークの促進」を同時に目指すという構造になっています。

ビジネスの視点から

ターゲットのうち、施策系を除く10件中9件のターゲットが何らかの形でビジネスに関係しています。また、ビジネスと深く関係するターゲットは8件にもおよびます。雇用については、グローバル・サプライチェーンおよびエコシステムを視野に入れて検討することが求められています。

figure

目標8：働きがいも経済成長も　ターゲットMap

8 働きがいも 経済成長も

包摂的・持続可能な経済成長の促進

- 8.1 1人当たり経済成長率の維持
- 8.2 高い経済生産性の達成
- 8.3 中小零細企業の設立や成長の奨励
- 8.4 経済成長と環境悪化の分断

★ 8.a 開発途上国に対する貿易のための援助の拡大

完全・生産的な雇用とディーセント・ワークの促進

- ★ 8.5 完全・生産的な雇用とディーセント・ワーク、同一労働同一賃金の達成 M
- 8.6 未就労・未就学の若者の大幅な削減
- 8.7 強制労働の根絶と最悪な形態の児童労働の禁止・撲滅
- 8.8 労働者の権利保護と安全・安心な労働環境の確保
- 8.9 持続可能な観光業の促進
- 8.10 金融サービスへのアクセスの促進・拡大

8.b 若年雇用のための国家戦略の展開

同一労働同一賃金などの
課題の解決を目指せ！

出所：「我々の世界を変革する：持続可能な開発のための2030年アジェンダ」（外務省仮訳）2015年などを参照し独自に作図

目標8：働きがいも経済成長も③
日本とビジネス

1. 日本の進捗状況

日本の進捗状況は、88・5ポイントと決して高いとはいえない状況にあります。その背景としては、経済成長の面で、経済成長率がマイナス0・4%と低迷していることが挙げられています。

2. 日本の特記事項

日本にも大いに係わる課題として、ターゲット8・5（完全・生産的な雇用とディーセント・ワーク、**同一労働同一賃金**の達成）、8・6（未就労・未就学の若者の大幅な削減）そして8・b（若年雇用のための国家戦略の展開）が挙げられます。

3. 日本政府の関連施策

生産性革命、**働き方改革**として、次の取組が含まれています。

・同一労働同一賃金など非正規雇用の処遇改善
・長時間労働の是正
・生産性の向上と賃金の引き上げ
・女性・若者の活躍推進
・人材投資の強化
・テレワークの普及展開

4. ビジネスアクション

サプライチェーンの全般に渡りディーセント・ワークを支援し、持続可能な開発を促進させることが考えられます。

5. SDGs相互関係

持続可能性に欠ける経済成長は、温室効果ガスの増加など環境に係わる目標に負のインパクトを与えることになるので留意する必要があります。

figure

目標8：働きがいも経済成長も　日本とビジネス

8 働きがいも経済成長も

1．日本の進捗状況	88.5ポイント	B　課題を残している
2．日本政府の施策（実施指針／取組）	①あらゆる人々の活躍の推進	・働き方改革の着実な実施（目標8）
	③成長市場の創出、地域活性化、科学技術イノベーション	・農林水産業・食品産業のイノベーションやスマート農林水産業の推進、成長産業化（ターゲット8.2）
3．ビジネスアクション	☑自社ビジネス並びにサプライヤーとのパートナーシップを通じて、サプライチェーンをまたがったすべての従業員に対して、働きがいのある人間らしい仕事環境を支援する。 ☑脆弱で経済的に不利な立場にあるグループに焦点を絞って、労働者の教育と訓練を行う。 ☑特に後発開発途上国で、労働集約的なセクターを対象として、働きがいのある人間らしい公式セクターの仕事を開発する。 ☑R&Dへの投資と成長ビジネスへの支援を通じて、持続可能な開発と両立させる形で、経済成長と生産性を促進させる。	
4．キーワード	ディーセント・ワーク（Decent Work）	人間らしい生活を継続的に営める人間らしい労働条件を指す。2009年に国際労働機関（ILO）の総会で提案・支持された。ディーセントには、きちんとした、まともな、適正なの意味があり、ディーセント・ワークは、「働きがいのある人間らしい仕事」と訳される。

SDGs相互関係

17の目標 ＼ 8.働き	1 貧困	2 飢餓	3 健康	4 教育	5 ジェンダー	6 水	7 エネルギー	8 働き	9 産業	10 不平等	11 まち	12 責任	13 気候	14 海	15 陸	16 平和	17 パートナー
ポジティブ	○	○	○	○	○			■		○						○	
リスク								■		✓			✓	✓	✓		

CHAPTER 3

25

目標9：産業と技術革新の基盤をつくろう①

産業と技術革新についての事実と数字

大局を掴もう

SDGsの目標9を含む、目標7から目標11までは、SDGsの5つの重要領域の中で主として「豊かさ（Prosperity）」に係わるものです。

MDGsではMDG8（開発のためのグローバル・パートナーシップの構築）のターゲット8・F（民間セクターとの協力により、情報通信技術をはじめとする先端技術の恩恵を広める）として部分的に取り上げられていました。このMDG8が目標に掲げた、ブロードバンド・ネットワークにアクセス可能な人口の割合は、84％（2018年には90％）にまで達しており、次頁に示した他の指標も数値も、状況が向上していることを裏付けているといえます。

グローバルな重要課題

①**インフラ**：インフラは通信技術だけではなく、人々の生活を支える上下水道、電力、道路交通網、金融サービスなどが含まれます。このインフラへの投資は、持続可能な開発を達成し、コミュニティのエンパワーメントを図る上で欠かせません。

②**生産性**：製造業は経済開発・発展と雇用の重要なドライバーであり、生産性を高めるには工業化がキーとなります。製造業の一人当たり付加価値については、先進国と後発開発途上国の間での格差が問題になっており、また製造工程中の二酸化炭素の排出も、気候変動の要因として検討すべき重要な課題になっています。

figure

目標9：産業と技術革新の基盤をつくろう　事実と数字

9 産業と技術革新の基盤をつくろう

インフラ

低所得国におけるインフラ未整備に起因する生産性の低下　40%

ブロード・ネットワークにアクセスできない人口の割合　16%

生産性

製造業の付加価値のGDPに占める割合　2017年 16.3%　2005年 15.2%

世界の企業における中小中堅製造業企業の占有率　企業数 90%以上　雇用創出 50〜60%

MDG8（開発のためのグローバルなパートナーシップの推進）8.F

出所：「SDGs：事実と数字」国際連合広報センター、2018年などを参照し独自に作図

目標9：産業と技術革新の基盤をつくろう②
ターゲットMap

CHAPTER 3
26

目標9：産業と技術革新の基盤をつくろう
(Industry, innovation and infrastructure)
強靭（レジリエント）なインフラ構築、包摂的かつ持続可能な産業化の促進およびイノベーションの推進を図る

2030グローバル目標

①**MDGsの踏襲**：MDG8（開発のためのグローバルなパートナーシップの構築）と比較してみましょう。ターゲットMap上での［M］の印を見ると、MDGのターゲット8・F（民間セクターとの協力により、情報通信技術をはじめとする先端技術の恩恵を広める）が、SDGターゲット9・cに引き継がれていることがわかります。

②**ターゲットの構成**：SDG9を構成する8つのターゲットは、ターゲットMapで表現したように、「**産業化**の促進」、「**イノベーション**の推進」そして「強靭な**インフラ**の構築」の三つのカテゴリーから構成され、さらにそれらが相互に関係し合うようになっていることがポイントです。また矢印で示した施策系のターゲットは、開発途上国などが対象としています。

ビジネスの視点から

施策系を除く5件のターゲットのすべてが何らかの形でビジネスに関係しています。ビジネスと深く関係するターゲットは4件にもおよび、ビジネスの貢献が期待されるSDGであることがわかります。

figure

目標9：産業と技術革新の基盤をつくろう　ターゲットMap

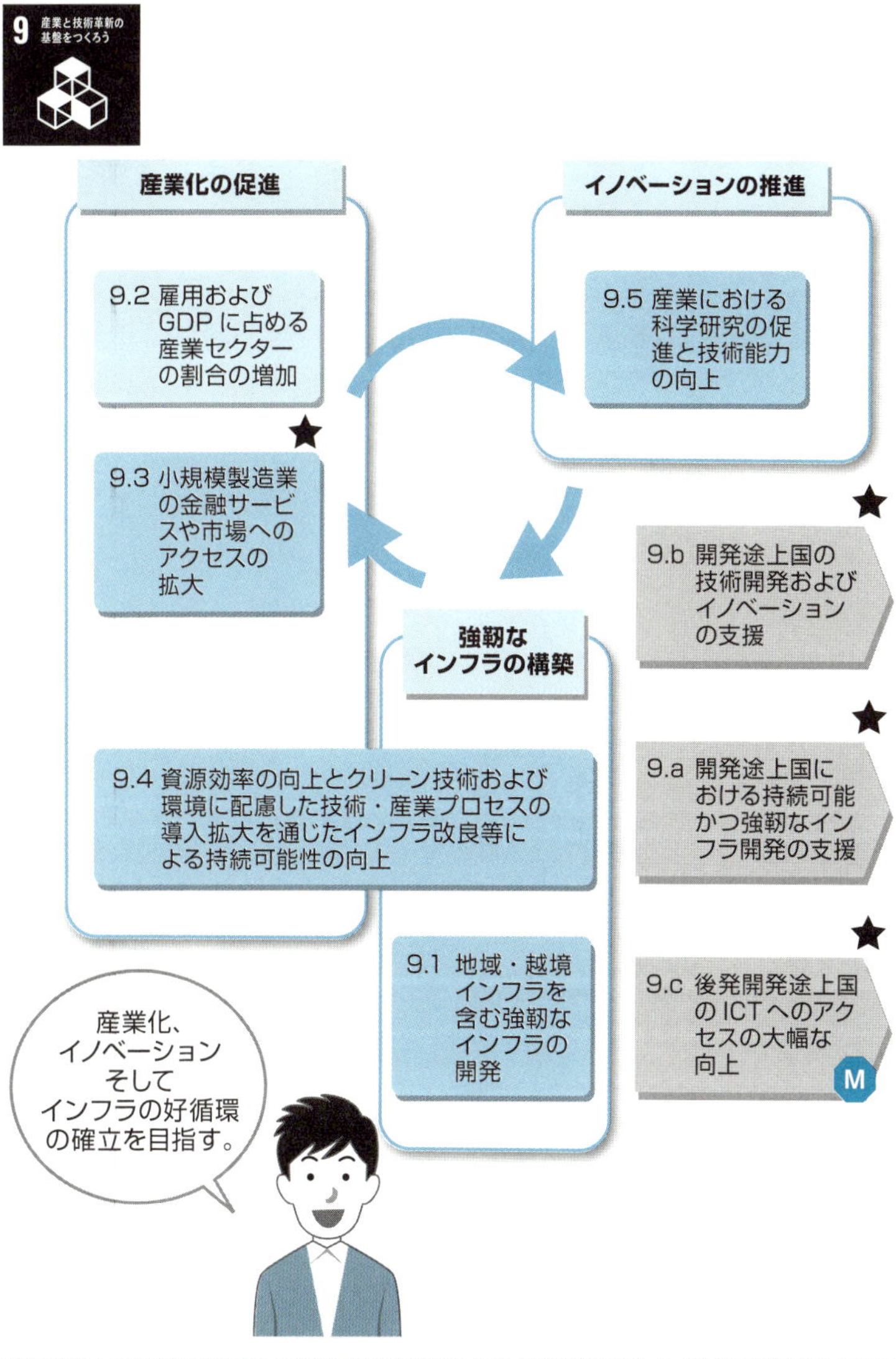

出所：「我々の世界を変革する：持続可能な開発のための2030年アジェンダ」（外務省仮訳）2015年などを参照し独自に作図

CHAPTER 3
27

目標9：産業と技術革新の基盤をつくろう③ 日本とビジネス

1．日本の進捗状況

日本の進捗状況は、79・9ポイントと高いとはいえないものの、ベルテルスマン財団の評価はAでこのSDGを達成しています。

2．日本の特記事項

インフラの構築に関して、震災や台風などの自然災害への対応が求められています。

3．日本政府の関連施策

①**「産業化」の取組**：農林水産業・食品産業のイノベーションや**スマート農林水産業**の推進、成長産業化

②**「イノベーション」の取組**：「STI（科学技術イノベーション）for SDGs」の推進

③**「インフラの構築」の取組**：地方創生や未来志向の社会づくりを支える基盤・技術・制度等、質の高いインフラの推進

など、ターゲット9・1に係わる取組が多く計画されています。

4．ビジネスアクション

持続可能な新サービスの開発や、バリューチェーンの革新などが挙げられます。

5．SDGs相互関係

例えば、大規模なインフラプロジェクトのためにコミュニティを移動させる場合、女性や子どもそして弱いコミュニティに不平等な影響を与える傾向があります。また厳格な環境基準に準拠しない場合に、陸、海洋そして気候に衝撃的な危害を与えるリスクがあることに留意する必要があります。

figure

目標9：産業と技術革新の基盤をつくろう　日本とビジネス

9 産業と技術革新の基盤をつくろう

1．日本の進捗状況	79.9 ポイント	A　SDG を達成している
2．日本政府の施策（実施指針／取組）	③成長市場の創出、地域活性化、科学技術イノベーション	・基盤となる技術・データ，人材育成（ターゲット 9.1） ・地方創生や未来志向の社会づくりを支える基盤・技術・制度等（ターゲット 9.1） ・農林水産業・食品産業のイノベーションやスマート農林水産業の推進、成長産業化（ターゲット 9.2） ・STI（科学技術イノベーション）for SDGs や、途上国のSTI・産業化 に関する国際協力（ターゲット 9.5、9.c）
	④持続可能で強靱な国土と質の高いインフラの整備	・戦略的な社会資本の整備（ターゲット 9.1） ・質の高いインフラの推進（ターゲット 9.1） ・防災（「レジリエント防災・減災」の構築や、災害リスクガバナンスの強化、エネルギー・インフラの強靭化、食料供給の安定化等）（ターゲット 9.1） ・環境インフラの国際展開（ターゲット 9.a）
3．ビジネスアクション	☑持続可能でレジリエントな製品とサービスを研究、開発し、展開する。 ☑グローバル・バリューチェーンに属す開発途上国の産業を、包摂的かつ持続可能な形でアップグレードさせることを支援する。 ☑金融へのアクセスを提供し、起業家精神を育成し、財務およびリサーチ資源をグローバル・ナレッジ・ベースに蓄積すること等を通じて、持続可能な開発のためのイノベーション・システムを創造する。	
4．キーワード	レジリエント（resilient）	強度と靭性（しなやかさ）を兼ね備えたという意味で「強靭」という訳語が使われている。災害等からの「立ち直りが早い」という意味もある。

SDGs 相互関係

17の目標 ＼ 9. 産業	1 貧困	2 飢餓	3 健康	4 教育	5 ジェンダー	6 水	7 エネルギー	8 働き	9 産業	10 不平等	11 まち	12 責任	13 気候	14 海	15 陸	16 平和	17 パートナー
ポジティブ		○				○	○		■		○	○	○				
リスク					✓				■	✓			✓	✓	✓	✓	

CHAPTER 3 28

目標10：人や国の不平等をなくそう①
人や国の不平等についての事実と数字

大局を掴もう

SDGsの目標10を含む目標7から目標11までは、SDGsの5つの重要領域の中で主として「豊かさ（Prosperity）」に係わるもので、持続可能な開発の三つの側面の中の「経済」を対象とする領域です。

MDGsでは、以下の三つの目標が関係していました。

・MDG1（極度の貧困と飢餓の解消）
・MDG3（ジェンダー平等の推進と女性の地位向上）
・MDG5（妊産婦の健康の改善）

貧困からの脱出については、長足の進歩を遂げてはいるものの、不平等は根強く残っており、保険や教育サービス、その他の資産へのアクセスという点で大きな格差がなくなっていないどころか、むしろ拡大していると指摘されています。

グローバルな重要課題

国際NGOオックスファム（Oxfam）が２０１８年のダボス会議で発表した「世界で最も豊かな42人の所有資産総額は、世界人口の下位半数、37億人の総所得に匹敵する」にもあるように、格差は広がりを見せています。国内と国家間の**格差**の問題については、**経済的格差**に加えて、ジェンダー不平等などの**社会的格差**の問題があります。また、移民や難民の問題も深刻度を増しています。

figure

目標10：人や国の不平等をなくそう　事実と数字

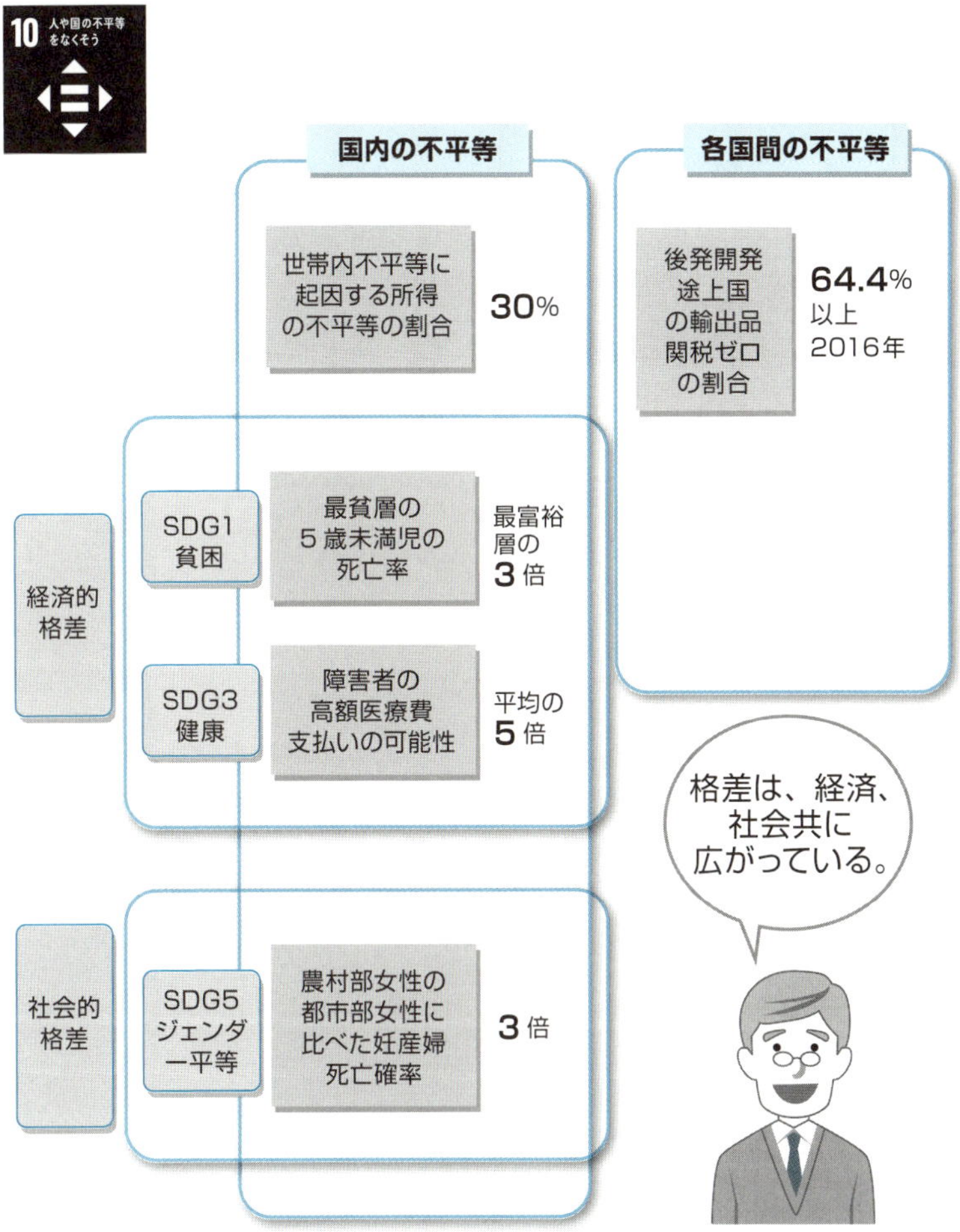

MDG1（極度の貧困と飢餓の解消）
MDG3（ジェンダー平等の推進と女性の地位向上）
MDG5（妊産婦の健康の改善）

出所：「SDGs：事実と数字」国際連合広報センター、2018年などを参照し独自に作図

目標10：人や国の不平等をなくそう② ターゲットMap

CHAPTER 3

29

目標10：人や国の不平等をなくそう（Reduced inequalities）
各国内および各国間の不平等を是正する

2030グローバル目標

①**MDGsの踏襲**：ターゲットMapで［M］の印で示したように、MDG1（極度の貧困と飢餓の解消）、MDG3（ジェンダー平等の推進と女性の地位向上）、MDG5（妊産婦の健康の改善）という三つの目標が引き継がれていることがわかります。

②**ターゲットの構成**：目標10を構成する10件のターゲットは、ターゲットMapで表現したように、「国内の不平等是正」と「各国間の不平等是正」の大きく二つのグループから構成されています。SDG10の特徴としては、

・ターゲットの内容がフォーカスされ具体的である
・国内は、内容的にはSDG1（貧困）、3（健康）、5（ジェンダー）と重なる点がある
・ターゲットは施策の要素が強い
・各国間は、SDG16（平和と公平）と17（パートナーシップ）と重なる点がある

などが挙げられます。

ビジネスの視点から

ターゲットのうち、施策系を除く7件中6件のターゲットが何らかの形でビジネスに関係している一方で、民間のビジネスと深く関係するターゲットは1件と限定的です。

figure

目標10：人や国の不平等をなくそう　ターゲットMap

10 人や国の不平等をなくそう

国内の不平等是正

- 10.1 所得下位40％の所得成長率が全国平均を上回る数値の漸進的達成 Ⓜ
- 10.2 すべての人々の能力の強化 Ⓜ
- 10.3 差別的法律の撤廃等による機会均等の確保と成果の不平等の是正 Ⓜ
- 10.4 政策の導入による平等の拡大の漸進的達成

各国間の不平等是正

- 10.5 世界金融規制の実施強化
- ★ 10.6 正当な国際経済・金融制度の実現
- 10.7 安全で規律的かつ責任ある移民の促進

移民

- 10.7 安全で規律的かつ責任ある移民の促進
- 10.c 移住労働者の送金コストの引き下げ

その他

- ★ 10.a 開発途上国に対する関税上の優遇
- ★ 10.b 後発開発途上国に対するODA、海外直接投資他の資金流入の促進

移民問題に
各国間の不平等が
表れている。

出所：「我々の世界を変革する：持続可能な開発のための2030年アジェンダ」（外務省仮訳）2015年などを参照し独自に作図

目標10：人や国の不平等をなくそう③

日本とビジネス

CHAPTER 3

30

1. 日本の進捗状況

日本の進捗状況は、意外や76・8ポイントと高いとはいえない状態にあります。ベルテルスマン財団の評価指標は、国内のみで各国間の指標が含まれていないものの、この低評価の背景には、

・トップの収入を100とした場合の「ジニ係数」が35・7と低い

・66歳以上の高齢者の貧困率が19・6%と高い

ことなどが挙げられます。

2. 日本の特記事項

日本でも経済的格差が広がりを見せ、高齢化社会に向けて高齢者の老後資金問題が顕在化してくることが予想されます。

3. 日本政府の関連施策

「人道支援の推進」として、紛争や自然災害などの危機にある女性のエンパワーメントへの貢献、人道と開発と平和の連携の促進が含まれてはいるものの、国内の経済格差の是正への対応が手薄になっています。

4. ビジネスアクション

主流から外れた人々をターゲットにした新サービスの開発や、サプライチェーンのすべての業務について平等を支援することなどが挙げられます。

5. SDGs相互関係

目標10に係わるアクションは、化石燃料を使ったエネルギーへのアクセスの増加を通じて、気候変動に負のインパクトを与えるリスクに留意する必要があります。

figure

目標10：人や国の不平等をなくそう　日本とビジネス

10 人や国の不平等をなくそう

1．日本の進捗状況	76.8 ポイント	C　重要な課題を残している
2．日本政府の施策（実施指針／取組）	①あらゆる人々の活躍の推進	・人道支援の推進（ターゲット 10.2、10.4）
3．ビジネスアクション	☑恵まれず、主流から外れた人々をターゲットにした製品、サービスそしてビジネスモデルを設計し導入する。 ☑自社とサプライチェーンのすべての業務について、機会、待遇そして成果の平等を支援する方針とプラクティスを導入する。 ☑ステークホルダー間の経済的価値の分配状況を評価し、より平等にするための方針とプラクティスを導入する。 ☑国家レベルでの社会保護指標の確立と普及を支援する。	
4．キーワード	ジニ係数	社会における所得分配の不平等さや富の偏在性などを測る指標。イタリアの統計学者コッラド・ジニにより1936年に考案された。

SDGs 相互関係

17の目標 ／ 10. 不平等	1 貧困	2 飢餓	3 健康	4 教育	5 ジェンダー	6 水	7 エネルギー	8 働き	9 産業	10 不平等	11 まち	12 責任	13 気候	14 海.	15 陸	16 平和	17 パートナー
ポジティブ	○	○	○	○	○			○		■			○	○	○	○	
リスク										■			✓	✓	✓		

目標11：住み続けられるまちづくりを①
まちづくりについての事実と数字

大局を掴もう

SDGsの目標11は、目標7から目標10までと同様に、SDGsの5つの重要領域の中で主として「豊かさ（Prosperity）」に係わるものです。

MDGsではMDG7（環境の持続可能性の確保）のターゲット7・D（2020年までに、最低1億人のスラム居住者の生活を大幅に改善する）の対象として一部取り組まれてきました。

次頁の図に示すとおり、産業革命以降「都市の位置づけ」の重要性は増し続けており、世界の都市で暮らす人口は、2017年の35億人から、2030年には50億人にまで増加するとの予想があります。**都市問題**が見過ごすことができないところまで来ていることがわかります。

グローバルな重要課題

都市が抱える世界共通の問題として、過密化、インフラの未整備や劣化、基本的サプライチェーンを提供するための資金の欠如、適切な住宅の不足、大気汚染の悪化などが指摘されています。さらに、発展途上国では**スラム**街が生まれ、環境汚染、健康、衛生面の問題も発生しています。日本では、震災や水害などの自然災害が多発し、一人親家庭、高齢者などの住居へのアクセスなどの問題が発生しています。

これらの都市化がもたらす課題に対処するためには、効率的な都市計画・管理の導入が重要となっています。

figure

目標11：住み続けられるまちづくりを　事実と数字

都市および人間住居

都市の位置づけ	陸地部分の面積比の **3**% エネルギー消費の **60〜80**% 炭素排出量の **75**%
都市で暮らす人口の予測	2017年 **35** 億人 2030年 **50** 億人
都市膨張に占める開発途上地域の割合	今後10年間の予想 **95**%
スラム住民	**8** 億8300万人 （ほとんどは東アジアと東南アジアに居住）

災害・公害

都市人口の過半数は大気汚染に晒されている	安全基準の **2.5** 倍以上の汚染

MDG7（環境の持続可能性の確保）7.D

人口が集中する都市は、社会・環境の課題の縮図だ。

出所：「SDGs：事実と数字」国際連合広報センター、2018年などを参照し独自に作図

CHAPTER 3
32

目標11：住み続けられるまちづくりを② ターゲットMap

目標11：住み続けられるまちづくりを（Sustainable cities and communities）包摂的で安全かつ強靭（レジリエント）で持続可能な都市および人間居住を実現する

●2030グローバル目標

①**MDGsの踏襲**：まず、MDGの目標7（環境の持続可能性の確保）と比較してみましょう。ターゲットMap上での［M］の印の分布状況を見ると、SDGターゲット11・1にMDGターゲット7・Dが引き継がれていることがわかります。

②**ターゲットの構成**：目標11を構成する10件のターゲットは、ターゲットMapに示すように、次の三つのグループから構成されています。

・「都市および人間居住の改善」として、基本サービス、輸送システム、公共スペースへのアクセスの確保
・都市部の「**災害・公害**への対策」
・そして「**遺産の保護・保全**」

③**明確な目標設定**：「2030年までに」が7分の6を占め、記述が具体的で、ターゲット11・1、11・2では、指標はそれぞれ一つと絞り込まれています。

●ビジネスの視点から

ターゲットのうち、施策系を除く7件中5件のターゲットが何らかの形でビジネスに関係しています。また、ビジネスに深く関係するターゲットが2件あります。

figure

目標11：住み続けられるまちづくりを　ターゲットMap

11 住み続けられるまちづくりを

都市・人間住居改善

- 11.3 人間居住計画・管理能力の強化
- 11.1 住宅および基本サービスへのアクセスの確保・スラムの改善 M
- 11.2 輸送システムへのアクセスの提供
- 11.7 緑地や公共スペースへのアクセスの確保

災害・公害対策

- 11.5 災害による人的、経済的損失の大幅な軽減
- 11.6 大気の質および廃棄物による悪影響の軽減

遺産の保護・保全

- 11.4 世界文化・自然遺産の保護・保全努力の強化

- 11.b 災害リスク管理の策定と実施
- 11.a 都市および地域開発の強化と良好なつながりの支援
- 11.c 後発開発途上国における現地資材活用と建造物の整備支援 ★

住宅や
輸送サービスへの
アクセスの充実を
目指せ。

出所：「我々の世界を変革する：持続可能な開発のための2030年アジェンダ」（外務省仮訳）2015年などを参照し独自に作図

CHAPTER 3
33

目標11：住み続けられるまちづくりを③ 日本とビジネス

1. 日本の進捗状況

日本の進捗状況は、75・4ポイントと低くなっています。その背景には、

・公共交通機関へのアクセス
・家賃負担

といった指標が低いことが挙げられます。

2. 日本の特記事項

日本では、震災や水害など**自然災害**が多発しており、ターゲット11・5や11・bといった「災害・公害対策」が重要になります。また、観光産業、外国人観光客にも関連して、「遺産の保護・保全」の重要性が増しています。

3. 日本政府の関連施策

①「都市および人間居住の改善」として、質の高いインフラの推進
②「災害・公害への対策」として、持続可能で強靭なまちづくりや、防災
③「遺産の保護・保全」として、文化資源の保護・活用と国際協力

などの取組が挙げられています。

4. ビジネスアクション

基本的サービスへのアクセスの改善を支援すること、そして文化・自然遺産の保護が考えられます。

5. SDGs相互関係

目標11に係わるアクションを取る場合、都市と地方との格差、そして都市開発に取り残されたコミュニティの貧困などに留意する必要があります。

figure

目標11：住み続けられるまちづくりを　日本とビジネス

11 住み続けられるまちづくりを

1. 日本の進捗状況	75.4 ポイント	C　重要な課題を残している
2. 日本政府の施策（実施指針／取組）	③成長市場の創出、地域活性化、科学技術イノベーション	・地方創生や未来志向の社会づくりを支える基盤・技術・制度等（目標11） ・地方における SDGs の推進（目標11） ・農山漁村の活性化、地方等の人材育成（ターゲット 11.a）
	④持続可能で強靭な国土と質の高いインフラの整備	・持続可能で強靭なまちづくり（ターゲット 11.5） ・質の高いインフラの推進（目標11） ・文化資源の保護・活用と国際協力（ターゲット 11.4） ・防災（「レジリエント防災・減災」の構築や、災害リスクガバナンスの強化、エネルギー・インフラの強靭化、食料供給の安定化等）（ターゲット 11.5）
3. ビジネスアクション	✓レジリエントな建物、輸送、緑地スペース、そして公共施設へのアクセスを改善させる製品とサービスを研究、開発そして展開する。 ✓職場、市場、そしてコミュニティを通じて、基本的サービスへのアクセスを支援する。 ✓文化・自然遺産を保護し、投資を行う。	
4. キーワード	仙台防災枠組み	2015年に仙台で開催された第3回国連防災世界会議(WCDRR)で採択された、災害リスクの低減と、潜在的なリスク要因の減少を目的とする2015年から2030年までの防災活動に関する国際的な指針。

SDGs 相互関係

17の目標 / 11. まち	1 貧困	2 飢餓	3 健康	4 教育	5 ジェンダー	6 水	7 エネルギー	8 働き	9 産業	10 不平等	11 まち	12 責任	13 気候	14 海	15 陸	16 平和	17 パートナー
ポジティブ			○	○			○	○	○	○	■		○		○		
リスク	✓	✓	✓					✓			■			✓	✓		

目標12：つくる責任つかう責任①
つくる責任つかう責任についての事実と数字

大局を掴もう

SDGsの目標12から目標15までは、SDGsの5つの重要領域の中で主として「地球（Planet）」に係わるもので、SDGsで新たに加えられた目標です。SDG12は、サプライチェーンと消費チェーンについて、従来のメインテーマであった経済的な側面に加え、**SDGsの三つの側面**の残りの二つ、社会的包摂や環境保護の側面から問題を提起したもので、ビジネスではSDGsの価値観を反映した中核的な目標として重視する必要があります。

グローバルな重要課題

次頁に掲げた図は、エネルギー消費の30%を占める「食料部門」を例に挙げて、水とエネルギーという企業活動に必須の資源を取り上げて、原材料の調達から、加工、生産そして最終消費者へと至るサプライチェーン全体を通じたアクティビティで消費または発生するエネルギーやロスをまとめています。

・エネルギー消費
・再生可能エネルギーへの転換状況
・水の汚染
・食品ロス

サプライチェーンに係わるあらゆるステークホルダーを巻き込んだ、価値観の変革と、サーキュラーエコノミーに代表される新たなビジネスモデルの創造が求められています。

figure

目標12：つくる責任つかう責任　事実と数字

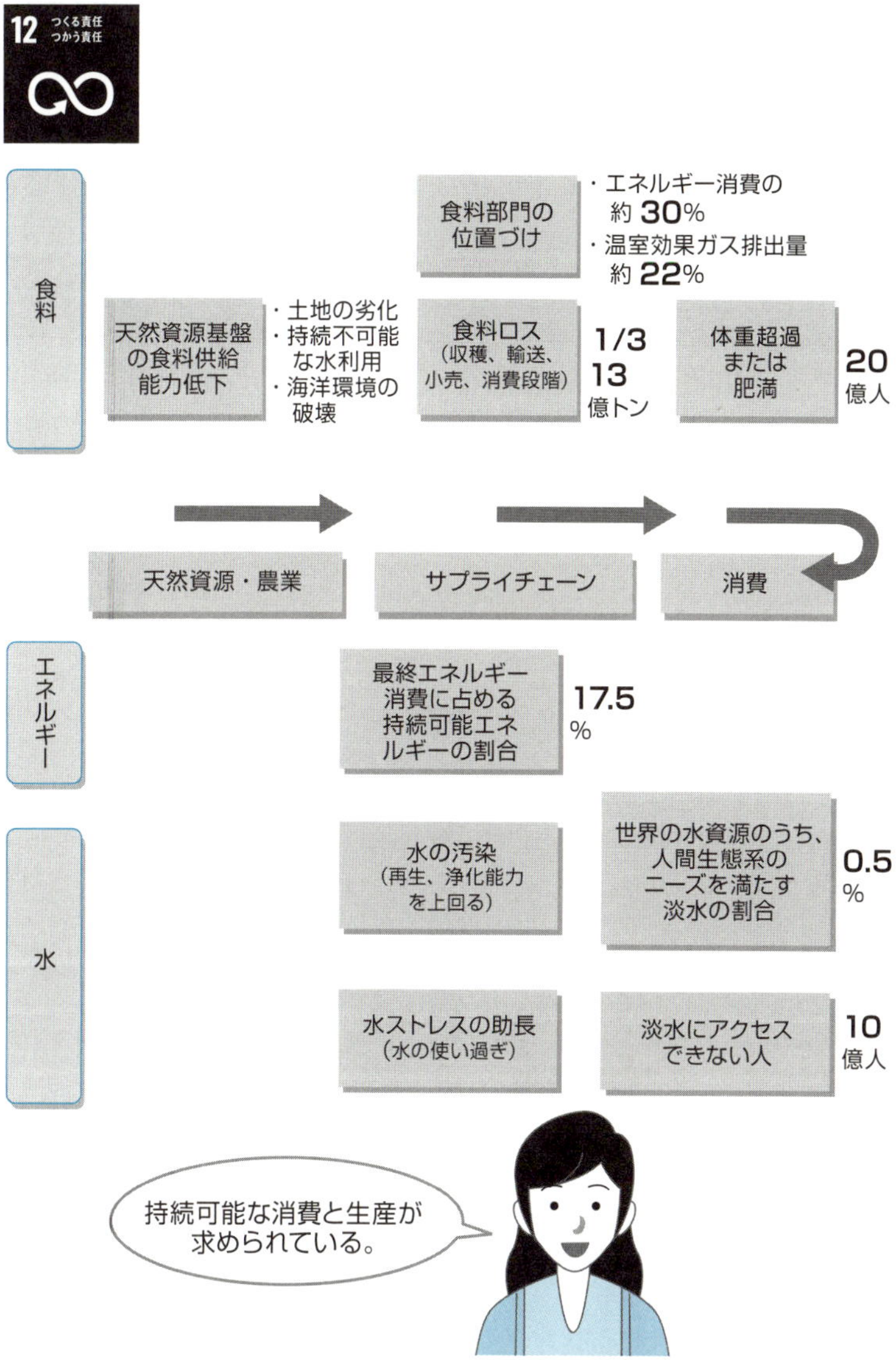

出所：「SDGs：事実と数字」国際連合広報センター、2018年などを参照し独自に作図

目標12：つくる責任つかう責任②ターゲットMap

CHAPTER 3
35

目標12：つくる責任つかう責任（Responsible consumption and production）
持続可能な生産消費形態を確保する

2030グローバル目標

①**MDGsでの取り扱い**：SDG12は、MDGsでは対象外となっていた領域です。

②**ターゲットの構成**：目標12を構成する11件のターゲットは、ターゲットMapで表現したように、つくるとつかうをつなげて、「天然資源・農業」から**サプライチェーン**そして、「消費」へと至るサプライチェーンの全体を対象としたビジョンを描くという構成となっています。

目標12では、大量生産大量消費というこれまでのパターンを「より少ないもので、より多く、より良く」を目指す、「**持続可能な消費と生産**（**SCP**：Sustainable Consumption and Production）」へのトランスフォメーション（変容）を求めています。

ビジネスの視点から

ターゲットのうち、施策系を除く8件すべてのターゲットが何らかの形でビジネスに関係しています。ビジネスと深く関係するターゲットは5件にもおよび、SDG12が、ビジネスによる貢献が最も期待されるSDGsであることがわかります。

また、SCP、サーキュラーエコノミー、3R、ESD、そして**統合報告**などの重要なキーワードを押さえておくと、ターゲットの理解に役立ちます。

figure

目標12：つくる責任つかう責任　ターゲットMap

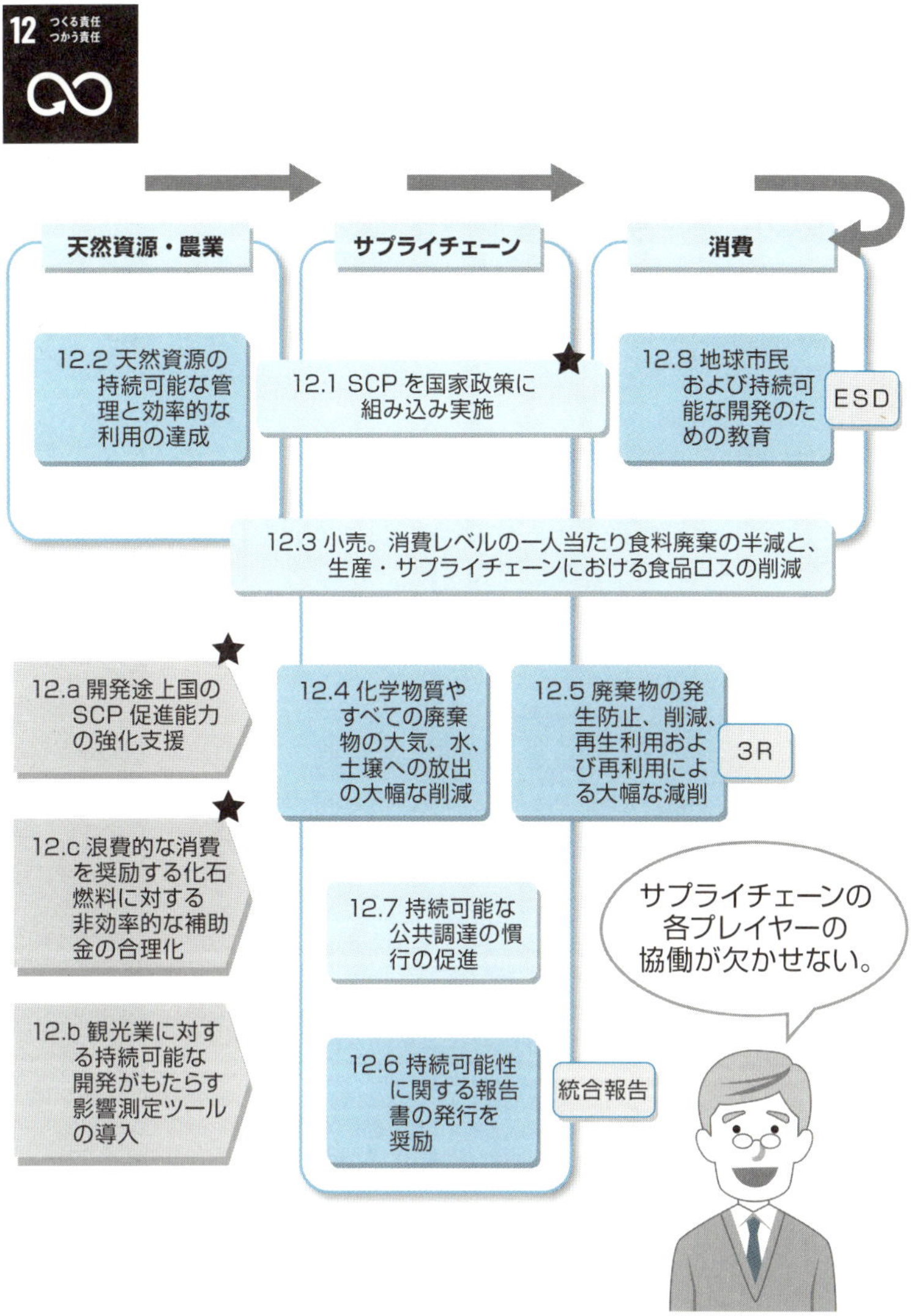

出所：「我々の世界を変革する：持続可能な開発のための2030年アジェンダ」（外務省仮訳）2015年などを参照し独自に作図

CHAPTER 3

36

目標12：つくる責任つかう責任③ 日本とビジネス

1. 日本の進捗状況

日本の進捗状況は55・6ポイントと、目標5、目標14と共に非常に低い評価に留まっています。その背景には、一人当たり電子機器の廃棄（E-waste）、一人当たり窒素フットプリントといった指標が最低評価であるためですが、これらの指標は国連のグローバル指標には含まれていません。

2. 日本の特記事項

大量生産大量消費のパターンに慣れてしまっており、**サーキュラーエコノミー**へのトランスフォーメーションが求められています。

3. 日本政府の関連施策

①サプライチェーンについて：

・リサイクル制度の推進、廃棄物処理施設の整備など「**循環型社会**の構築」

・フードチェーンの取組支援、食品廃棄物等のリデュース・リサイクルなど「食品廃棄物の削減や活用」

②消費について：**エシカル（倫理的）消費**の普及等「持続可能な消費の推進」

などの取組が挙げられます。

4. ビジネスアクション

新サービスの開発と、サプライチェーンの全体を通じたSCPへの移行を促進させる。

5. SDGs相互関係

材料を自然資源に変更することによるコスト増と労働者への負担との間のトレードオフに留意する必要があります。

figure

目標12：つくる責任つかう責任　日本とビジネス

12 つくる責任 つかう責任

1．日本の進捗状況	55.6 ポイント	D　重大な課題を残している
2．日本政府の施策（実施指針／取組）	⑤省エネ・再エネ、気候変動対策、循環型社会	・循環型社会の構築（ターゲット 12.5） ・持続可能な消費の推進（目標 12 消費） ・食品廃棄物の削減や活用（ターゲット 12.5）
3．ビジネスアクション	☑製品とサービスのポートフォリオを、資源の消費を削減し、廃棄物を削減させる方向にシフトさせる。 ☑責任ある循環型ビジネスモデル（circular business model）を設計し導入する。 ☑自社ビジネス並びにサプライチェーンをまたがって、資材およびエネルギーのループを大幅に狭めるかクローズド・ループに移行する。 ☑サプライチェーンをまたがる生産と消費の持続可能性と、周辺のコミュニティへのインパクトをトレースし報告するためのソリューションを開発し、導入し、そしてシェアする。	
4．キーワード	サーキュラーエコノミー　（CE）	資源循環を一つのサプライチェーンとして捉えて、リユース、再製造そしてシェアなどを通じて、多様な資源循環を推進して新たなビジネスを創出する経済を指す。CE におけるリサイクルの位置づけは相対的に低い。
	食品ロス／フードロス	食品廃棄物のうち、売れ残り、食べ残し、期限切れ食品など、本来は食べられるのに廃棄された部分を指す。食品ロスは、サプライチェーンの全体を通じて発生し、食品加工や外食産業などで生じる「事業系」と、家庭で生じる「家庭系」に大別される。
	3R（スリーアール）	廃棄物処理やリサイクルなどの優先順位を表す言葉の頭文字をとった造語。優先順位は、①廃棄物の発生抑制（Reduce）、②資源や製品の再使用（Reuse）、③再生利用（Recycling）の順とされている。

SDGs 相互関係

17の目標 ／ 12. 責任	1 貧困	2 飢餓	3 健康	4 教育	5 ジェンダー	6 水	7 エネルギー	8 働き	9 産業	10 不平等	11 まち	12 責任	13 気候	14 海	15 陸	16 平和	17 パートナー
ポジティブ			○			○	○		○			■	○	○	○		
リスク			✓					✓				■					

CHAPTER 3

37

目標13：気候変動に具体的な対策を①
気候変動についての事実と数字

●大局を掴もう

SDGsの目標13を含む目標12から目標15までは、SDGsの5つの重要領域の中で主として「地球(Planet)」に係わるものです。

SDG13は、MDGsではMDG7（環境の持続可能性の確保）のターゲット7・A（持続可能な開発の原則を各国の政策やプログラムに反映させ、環境資源の喪失を阻止し、回復を図る）の対象として、その一部が取り組まれていました。

●グローバルな重要課題

次頁の図に示したように、**気候変動**は、**温室効果ガス**の濃度の上昇が主要因とされ、気温の上昇や世界の平均海面の上昇につながり、それが穀物の収量の減少につながります。この気候変動は正しく、国境に関係のないグローバルな課題であり、国際レベルでの協力が必要とされています。

2019年には国連の気候行動サミットが開催され、77カ国が2050年までに温室効果ガス排出量を正味ゼロにすることを誓いました。また、アル・ゴア元米国副大統領が率いる「クライメート・リアリティ・プロジェクト」というコミュニティがあり、150カ国に2万人を超えるリーダーを養成しています。著者も一員として参加しています。

気候変動は、様々な要素が相互に影響し合っており、科学的なデータ検証と共に、「システム思考」などで全体の関係を捉えることが求められています。

figure

目標13：気候変動に具体的な対策を　事実と数字

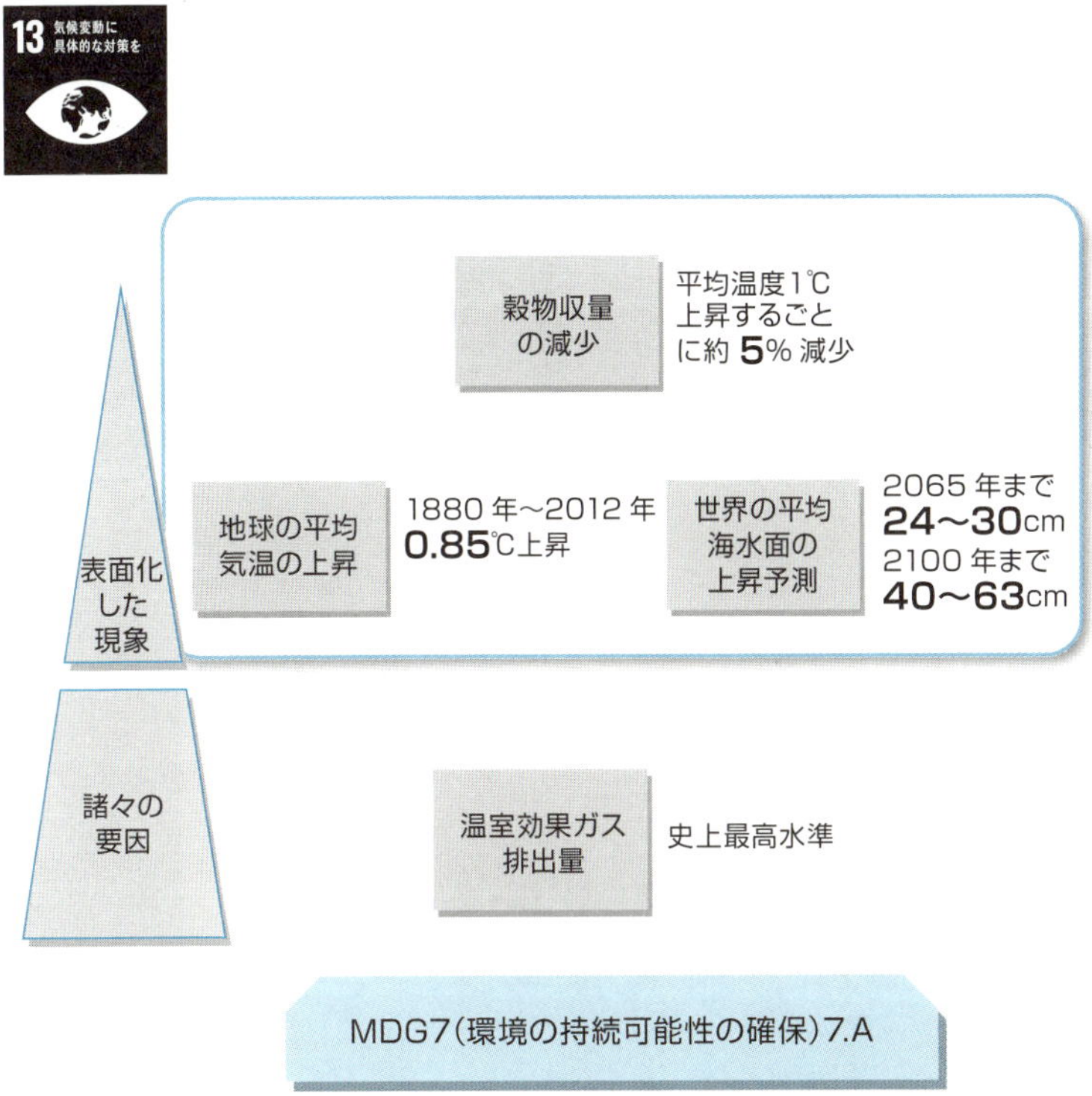

出所：「SDGs：事実と数字」国際連合広報センター、2018年などを参照し独自に作図

目標13：気候変動に具体的な対策を② ターゲットMap

目標13：気候変動に具体的な対策を（Climate action）
気候変動およびその影響を軽減するための緊急対策を講じる

2030グローバル目標

目標のタイトルが、「気候変動およびその影響を軽減するための緊急対策を講じる」と、17の目標の中で唯一アクション表現になっていることからも、この課題が持つ緊急性と共に、他のSDGsへのインパクトの強さが見て取れます。

①**MDGsの踏襲**：ターゲットMapを見ると、SDGターゲット13・2にMDGのターゲット7・Aが引き継がれていることがわかります。

②**ターゲットの構成**：目標13を構成する5つのターゲットは、ターゲットMapで表現したように、次の2つの対策の同時進行により対応するという構成になっています。

・緩和策（mitigation）として、気候変動の原因となる温室効果ガスの排出削減対策
・適応策（adaptation）として、すでに生じている影響や将来予想される気候変動の影響による被害を防止・軽減する対策

ビジネスの視点から

ターゲットのうち、施策系を除く3件のすべてのターゲットが何らかの形でビジネスに関係し、ビジネスと深く関係するターゲットは2件あります。

figure

目標13：気候変動に具体的な対策を　ターゲットMap

13 気候変動に具体的な対策を

地球の平均気温上昇を産業革命以前との比較で
2℃未満、可能な限り1.5℃未満に抑える

気候変動の緩和

気候変動への適応

13.1 気候関連や自然災害に対する強靭性および適応能力の強化

13.2 気候変動対策を国別政策 / 戦略 / 計画に盛り込む　M

13.3 気候変動の緩和、適応、影響軽減および早期警戒に関する教育や人的能力の開発

★ 13.a 緑の気候基金の本格稼働

★ 13.b 気候変動関連の計画・管理のための能力向上メカニズムの推進

気候変動には緩和策と
適応策の両面作戦で臨め。

出所：「我々の世界を変革する：持続可能な開発のための2030年アジェンダ」（外務省仮訳）2015年などを参照し独自に作図

目標13：気候変動に具体的な対策を③
日本とビジネス

CHAPTER 3
39

1. 日本の進捗状況

日本の進捗状況は、90・4ポイントで2018年の85・2ポイントより進んではいるものの、評価はDで重大な課題を残しているとされています。その背景には、炭素排出レートの指数が最低評価であることによりますが、この指標自体は国連のグローバル指標には含まれていません。

2. 日本の特記事項

日本はいまだに約30基の石炭火力発電所の新設を計画しています。

3. 日本政府の関連施策

・気候変動適応法に基づく取組の実施、「気候関連財務情報開示タスクフォース（TCFD）」による提言の普及などを含む「気候変動対策」

・CCS（二酸化炭素回収・貯蓄）技術の実用化に向けた「CCSに関する調査・研究」

といった取組が挙げられます。

4. ビジネスアクション

気候変動に対するサプライチェーン全般の強靭性を高めたり、従業員の能力向上に取り組むことが考えられます。

5. SDGs相互関係

目標13に係わるアクションを取る場合、食料生産、ディーセント・ワーク、不平等との間のトレードオフに留意する必要があります。水力発電用のダム建設用地などでは、地域住民の生活や農業生産地域への影響に留意する必要があります。

figure

目標13：気候変動に具体的な対策を　日本とビジネス

13 気候変動に具体的な対策を

1．日本の進捗状況	90.4 ポイント	D　重大な課題を残している
2．日本政府の施策（実施指針／取組）	⑤省エネ・再エネ、気候変動対策、循環型社会	・気候変動対策や、CCS（二酸化炭素回収・貯蓄）の調査・研究（目標 13）
3．ビジネスアクション	☑製品等の使用から生じる無視できるレベルのエミッションを維持し・促進させる製品やサービスのポートフォリオにシフトする。 ☑自社とサプライチェーンの業務そして周囲のコミュニティの気候変動に対するレジリエンスを高める。 ☑気候を意識する行動を促進し、気候対策に対する能力を構築する。	
4．キーワード	パリ協定	2020 年からの温暖化対策に関する国際的な枠組み。地球温暖化を産業革命以前に比べて、2℃未満、可能な限り1.5℃未満に抑えることの必要性に合意した。2015 年パリで開催された COP21（国際気候変動枠組条約第 21 回締約国会議）で採択され 2016 年 11 月に発効した。
	TCFD（Task Force on Climate-related Financial Disclosures）提言	気候変動関連財務情報。G20首脳会議の下に設置された金融安定理事会（FSB）のタスクフォースにより2017年に提出・公表された最終報告書。企業や金融機関が気候変動に関連する財務リスクや潜在的な影響に関する首尾一貫した情報を開示するための提言。 気候関連のリスクと機会を、低炭素経済への移行に伴い生じる「移行リスク」と、異常気象の影響などに伴う資産損傷といった財務への直接的な影響や、サプライチェーンの寸断などの間接的な影響からなる「物理的リスク」に分類して示している。

SDGs 相互関係

17の目標 / 13. 気候	1 貧困	2 飢餓	3 健康	4 教育	5 ジェンダー	6 水	7 エネルギー	8 働き	9 産業	10 不平等	11 まち	12 責任	13 気候	14 海	15 陸	16 平和	17 パートナー
ポジティブ	○	○	○			○		○		○	○		■	○	○		
リスク		✓						✓		✓			■		✓		

CHAPTER 3
40

目標14：海の豊かさを守ろう①
海の豊かさについての事実と数字

●大局を掴もう

SDGsの目標12から目標15までは、SDGsの5つの重要領域の中で主として「地球（Planet）」に係わるものです。SDG14は、MDGsではMDG7（環境の持続可能性の確保）のターゲット7・B（生物多様性の損失を抑え、2010年までに、損失率の大幅な引き下げを達成する）として一部対象となっていました。**海洋**は、海水の温度、科学的性質、海流、生物等を通じて地球を人間が住める場所とするグローバル・システムの重要なドライバーです。

●グローバルな重要課題

・海洋は地球の表面積の4分の3を占める
・海洋は地球の水の97％を蓄えている
・海洋は二酸化炭素を30％吸収してくれる
・海洋の生物多様性で生計を立てている人が30億人

といった、海洋の重要性を認識することから始める必要があります。その上で、

・外洋の酸性化の進行
・沿岸の富栄養化
・ペットボトルやレジ袋、さらにはマイクロプラスチックといった海洋汚染

など、海洋の汚染と富栄養化がもたらすSDGsの他の目標に代表されるグローバルな課題へのインパクトに配慮することが求められています。

figure

目標14：海の豊かさを守ろう　事実と数字

海洋の重要性

海洋が地球の表面積に占める割合	3/4
海洋が蓄える地球の水の割合	97%
海洋と沿岸部の生物多様性で生計を立てている人々	30億人超
海洋による二酸化炭素の吸収	30%
海洋を主たるたんぱく源としている人々	30億人超

海洋汚染と富栄養化

外洋の酸性化の水準（産業革命の開始より）	26%上昇
沿岸の富栄養化の大型海洋生態系への進行	2050年までに20%

漁業への補助金

漁業への補助金の影響	魚類の急速な**枯渇**

MDG7（環境の持続可能性の確保）7.B

出所：「SDGs：事実と数字」国際連合広報センター、2018年などを参照し独自に作図

CHAPTER 3
41

目標14：海の豊かさを守ろう②
ターゲットMap

目標14：海の豊かさを守ろう(Life below water)
持続可能な開発のために海洋・海洋資源を保護し、持続可能な形で利用する

2030グローバル目標

①MDGsの踏襲：MDGsの目標7（環境の持続可能性の確保）と比較してみましょう。ターゲットMap上での「M」の印の分布を見ると、SDGターゲット14・2にMDGターゲット7・Bが引き継がれていることがわかります。

②ターゲットの構成：SDG14を構成する10のターゲットは、ターゲットMapで表現したように、海洋・海洋資源の「保全」と並行した「利用」そして、漁業従事者という構成になっています。

・「海洋・海洋資源の保護」として、ターゲット14・1で、**海洋汚染**の大幅な削減が取り上げられており、それをモニタリングする国連のグローバル指標として沿岸富栄養化指標（ICEP）と「浮遊プラスチックごみの密度」が設定されています。

・「海洋・海洋資源の利用」として、ターゲット14・6（過剰漁獲やIUU（違法・無報告・無規制）漁業につながる補助金の撤廃）

・「漁協従事者」への対応

ビジネスの視点から

ターゲットのうち、施策系を除く7件すべてが何らかの形でビジネスに関係しています。ビジネスと深く関係するターゲットは3件あります。

figure

目標14：海の豊かさを守ろう　ターゲットMap

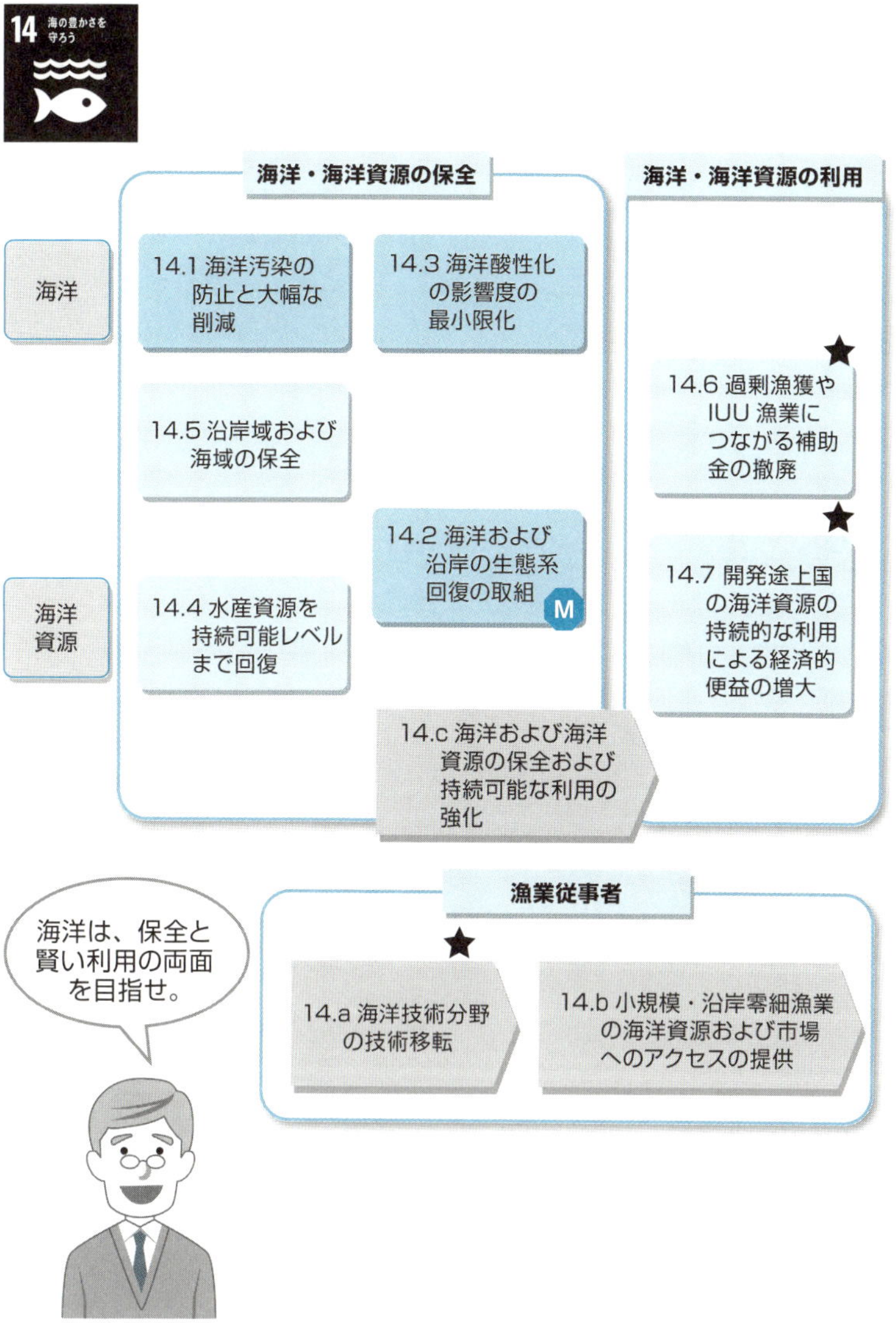

出所：「我々の世界を変革する：持続可能な開発のための2030年アジェンダ」（外務省仮訳）2015年などを参照し独自に作図

CHAPTER 3 42

目標14：海の豊かさを守ろう③
日本とビジネス

1. 日本の進捗状況

日本の進捗状況は、53・6ポイントと、目標5（ジェンダー平等）と目標12（つくる責任つかう責任）と共に非常に低い評価に留まっています。その背景には、魚の乱獲に加えて、海洋の富栄養化と汚染の問題が指摘されています。

2. 日本の特記事項

日本は海洋国家であり、持続可能な水産業の推進や、海洋ゴミ対策を抱えています。

3. 日本政府の関連施策

「生物多様性、森林、海洋等の環境の保全」として、次の取組が含まれています。

①「海洋・海洋資源の保全」として、**マイクロプラスチック**を含む**海洋プラスチックごみ**対応など海洋ゴミ対策の推進

②「海洋・海洋資源の利用」として、海洋・資源の持続的利用、国際的な資源管理

③「漁業従事者」への対応として、水産業・漁村の多面的機能の維持・促進

4. ビジネスアクション

海洋生態系を保護する新製品／サービスの開発や、海洋生態系に配慮したアクティビティの実施などが考えられます。

5. SDGs相互関係

目標14に係わるアクションを取る場合、経済成長やインフラ開発との間のトレードオフに留意する必要があります。

figure

目標14：海の豊かさを守ろう　日本とビジネス

1. 日本の進捗状況	53.6 ポイント	C　重要な課題を残している
2. 日本政府の施策（実施指針／取組）	⑥生物多様性、森林、海洋等の環境の保全	・持続可能な農林水産業の推進（ターゲット14.a、14.b） ・海洋（海洋・水産資源の持続的利用、国際的な資源管理、水産業・漁村の多面的機能の維持・促進）（目標14） ・海洋ゴミ対策の推進（ターゲット14.1）
3. ビジネスアクション	☑経済活動から生じる海洋生態系へのインパクトを無効にし、その再生に貢献する製品、サービス、そしてビジネスモデルを調査、開発し、展開する。 ☑生態系を認知させ、保護し、そしてさらに開発させるためのファイナンスを活気づける。 ☑ビジネスおよびサプライチェーンの活動が影響を与える海洋生態系を保護する方針やプラクティスを導入する。 ☑自然資本を的確に評価し尊重するソリューションを設計し導入し、広く普及させる。	
4. キーワード	海洋（浮遊）プラスチックごみ	海洋を漂流したり海岸に漂着したごみの中で、ペットボトル、ビニール袋、マイクロプラスチック（微小なプラスチック粒子）など。マイクロプラスチックはそれ自体とそれに付着した有毒物質を海洋生物が摂取し、生物濃縮によって人間の健康にも影響することが懸念されている。

SDGs 相互関係

17の目標 ＼ 14. 海	1 貧困	2 飢餓	3 健康	4 教育	5 ジェンダー	6 水	7 エネルギー	8 働き	9 産業	10 不平等	11 まち	12 責任	13 気候	14 海	15 陸	16 平和	17 パートナー
ポジティブ	○	○	○		○					○		○	○	■	○		
リスク								✓	✓					■			

目標15：陸の豊かさも守ろう①

陸の豊かさについての事実と数字

CHAPTER 3

43

大局を掴もう

SDGsの目標15を含む、目標12から目標15までは、SDGsの5つの重要領域の中で主として「地球(Planet)」に係わるものです。

SDG15は、MDGsでは、MDG7(環境の持続可能性の確保)の、

・ターゲット7・A(持続可能な開発の原則を各国の政策やプログラムに反映させ、環境資源の喪失を阻止し、回復を図る)と、

・ターゲット7・B(生物多様性の損失を抑え、2010年までに、損失率の大幅な引き下げを達成する)の対象となっていました。

海洋と同様に、陸についても、前提となる数値を把握しておくと役に立ちます。陸地は、

・地球表面積の4分の1を占め、そのうち

・保護対象陸地は15%におよび

・森林に依存して生計を立てている人が16億人います。

グローバルな重要課題

森林が2010年から2015年の間に、330万ヘクタール(1ヘクタールは1万平方メートル)も喪失し、乾燥地の劣化による砂漠化が進むなど、重要な森林が破壊され、土地は荒廃し砂漠化が進行しています。

生物の多様性は喪失へと向かっており、動物種の8%が絶滅し、22%が絶滅の危機に瀕しています。

figure

目標15：陸の豊かさも守ろう　事実と数字

15 陸の豊かさも守ろう

森林破壊

- 森林の喪失（2010年～2015年）　330万ヘクタール
- 森林に依存し生計を立てている人　16億人
- 陸生種の動植物と昆虫の森林での生息割合　80％以上

土地の荒廃・砂漠化

- 乾燥地の劣化による砂漠化　36億ヘクタール
- 土地の荒廃の影響を受けている農地の割合　52％

生物多様性の喪失

- 動植物の不正取引に関与している国　120カ国
- 確認されている8300の動物種のうち　絶滅 8％　絶滅の危機 22％

MDG7（環境の持続可能性確保）7.Aと7.B

出所：「SDGs：事実と数字」国際連合広報センター、2018年などを参照し独自に作図

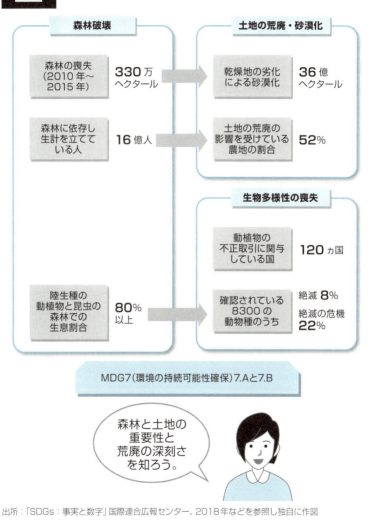

CHAPTER 3
44

目標15：陸の豊かさも守ろう②ターゲットMap

目標15：陸の豊かさも守ろう（Life on land）
陸域生態系の保護、回復、持続可能な利用の推進、持続可能な森林の経営、砂漠化への対処、並びに土地の劣化の阻止・回復および生物多様性の損失を阻止する

2030グローバル目標

①**MDGsの踏襲**：MDGsの目標7（環境の持続可能性の確保）と比較してみましょう。ターゲットMap上での［M］の印の分布状況を見ると、
・SDGターゲット15・5にMDGターゲット7・B
・SDGターゲット15・9にMDGターゲット7・A
がそれぞれ引き継がれていることがわかります。

②**ターゲットの構成**：目標15を構成する12のターゲットは、ターゲットMapで表現したように、次の三つのグループから構成されています。
・森林の経営、砂漠化、土地劣化への対応
・**陸域生態系**の保護・回復、持続可能な利用
・**生物多様性**の損失阻止

③**早期の達成を目指す**：期限を区切ったターゲットのうち、2030年までが2件、2020年までが5件と多く、緊急度の高さがうかがえます。

ビジネスの視点から

ターゲットのうち、施策系を除く9件中6件のターゲットが何らかの形でビジネスに関係し、ビジネスと深く関係するターゲットが3件あります。

figure

目標15：陸の豊かさも守ろう　ターゲットMap

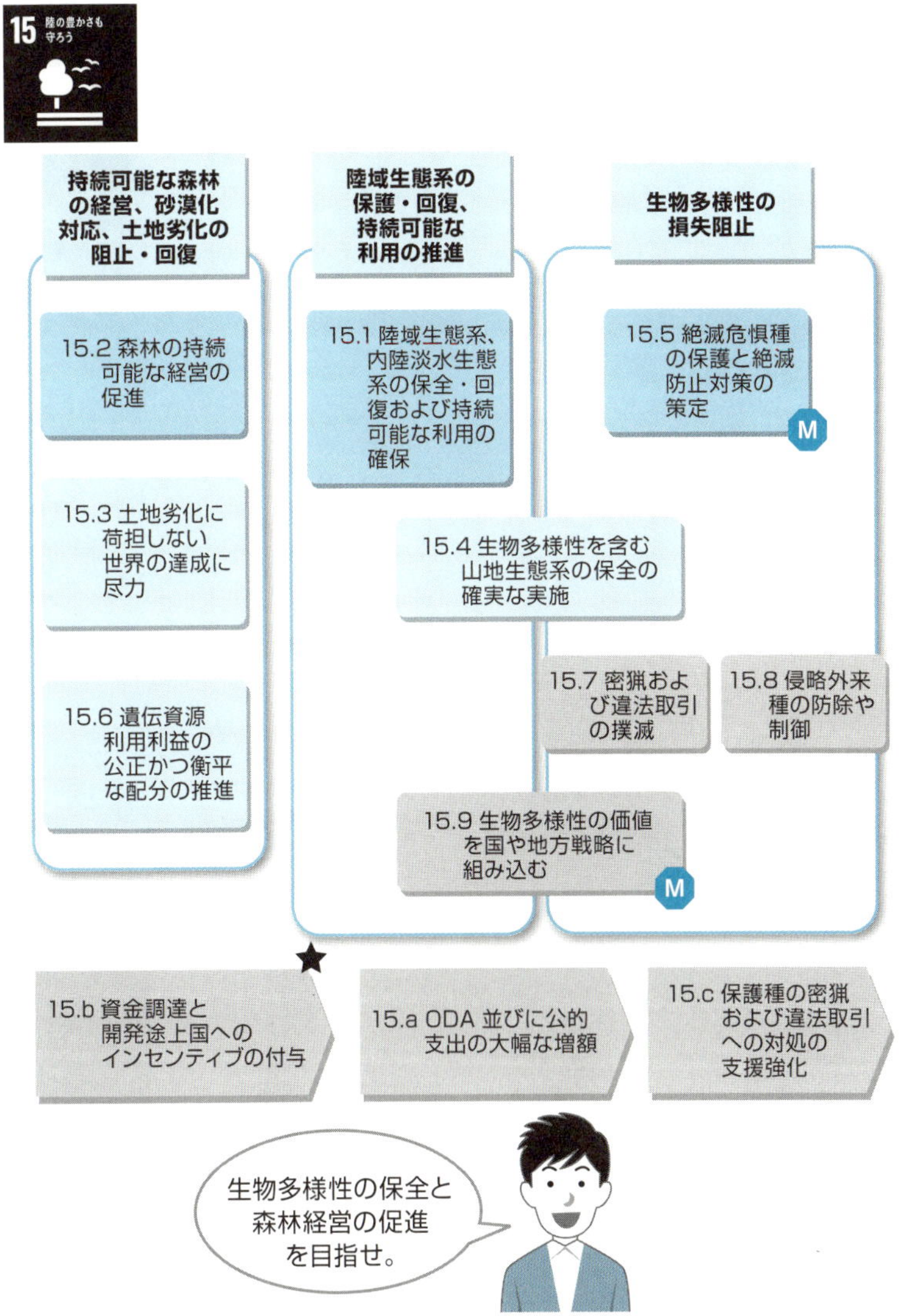

出所：「我々の世界を変革する：持続可能な開発のための2030年アジェンダ」（外務省仮訳）2015年などを参照し独自に作図

目標15：陸の豊かさも守ろう③ 日本とビジネス

CHAPTER 3

45

1．日本の進捗状況

日本の進捗状況は、ベルテルスマン財団の評価は意外や70・0ポイントで、重要な課題を残していると低い評価に留まっています。その背景には、ターゲット15・5の指標である**レッドリスト**指数が非常に低いことがあります。

2．日本の特記事項

高齢化による林業の衰退や、台風などの災害による被害が発生しています。

3．日本政府の関連施策

「生物多様性、森林、海洋等の環境の保全」など、次の取組が含まれています。

①「森林の経営、砂漠化、土地劣化への対応」

・農林水産業のイノベーションや**スマート農林水産業**の推進、成長産業化

・世界の持続可能な森林経営の推進

・森林の国際協力

②「陸域生態系の保護・回復そして持続可能な利用」

③「生物多様性の損失阻止」

4．ビジネスアクション

生態系を保護する、新製品／サービスの開発や、生態系に配慮したアクティビティの実施などが考えられます。

5．SDGs相互関係

目標15に係わるアクションを取る場合、経済成長やインフラ開発との間のトレードオフに留意する必要があります。

figure

目標15：陸の豊かさを守ろう　日本とビジネス

15 陸の豊かさも守ろう

1．日本の進捗状況	70.0 ポイント	C　重要な課題を残している
2．日本政府の施策（実施指針／取組）	③成長市場の創出、地域活性化、科学技術イノベーション	・農山漁村の活性化、地方等の人材育成（ターゲット 15.2） ・農林水産業・食品産業のイノベーションやスマート農林水産業の推進、成長産業化（ターゲット 15.2）
	⑥生物多様性、森林、海洋等の環境の保全	・世界の持続可能な森林経営の推進（ターゲット 15.2） ・森林の国際協力（目標 15）
3．ビジネスアクション	☑生物分解性の製品やパッケージなど、経済活動から生じる生態系の破壊を軽減させる製品、サービス、そしてビジネスモデルを調査、開発し、展開する。 ☑生態系を認知させ、保護し、さらに開発させるためのファイナンスを活気づける。 ☑ビジネスおよびサプライチェーンの活動が影響を与える生態系を保護する方針やプラクティスを導入する。 ☑自然資本を的確に評価し尊重するソリューションを設計し導入し、広く普及させる。	
4．キーワード	生物多様性	生物が約 40 億年におよぶ進化の過程で、生物間に生まれた違いを生物多様性という。
	絶滅危惧種／レッドリスト	絶滅危惧種とは、個体数が極端に減少し、絶滅の恐れのある動植物の種のことという。国際自然保護連合（IUCN）が、絶滅種や絶滅の恐れのある種を「レッドリスト」として発表している

SDGs 相互関係

17の目標 ／ 15. 陸	1 貧困	2 飢餓	3 健康	4 教育	5 ジェンダー	6 水	7 エネルギー	8 働き	9 産業	10 不平等	11 まち	12 責任	13 気候	14 海	15 陸	16 平和	17 パートナー
ポジティブ	○		○							○		○	○	○	■		
リスク								✓	✓						■		

CHAPTER 3

46

目標16：平和と公正をすべての人に①

平和と公正についての事実と数字

大局を掴もう

SDGsの目標16は、SDGsの5つの重要領域の中で主として「平和（Peace）」に係わるもので、MDGsでは対象外となっていた領域です。

殺人や人身取引への取組は、過去10年間で大きく進展しましたが、暴行や性的暴力による子どもの権利の侵害は、多くの国をむしばみ続けています。

グローバルな重要課題

殺人や子どもに対する暴力、人身売買そして性的暴力の脅威に取り組むことが重要です。

①**司法へのアクセス**について、

・有罪判決なしに拘禁される受刑者が31％にものぼります

②**包摂的な制度**について、

・腐敗が最も広がっている制度に司法と警察があります

・開発途上国における贈収賄や横領、窃盗、脱税による年間被害額は、1兆2600億ドルにもおよんでいます

このような課題を抱えている中で、平和で包摂的な社会を構築するには、さらに効率的で透明な規制の設定と、包括的で現実的な政府予算を導入する必要であるとされています。

また、個人の権利保護に向けた第一歩として、全世界で出生届を導入すると共に、各国により独立性の高い人権機関を設定することが必要になります。

figure

目標16：平和と公正をすべての人に　事実と数字

16 平和と公正をすべての人に

司法へのアクセス

有罪判決なしに拘禁されている受刑者の割合	31%

人権

包摂的な制度

腐敗が最も広がっている制度	司法 警察
贈収賄や横領、窃盗、脱税が開発途上国におよぼす年間被害額	1兆2600億ドル
5歳未満児の出生届率	世界 73% サハラ以南のアフリカ 46%

出所：「SDGs：事実と数字」国際連合広報センター、2018年などを参照し独自に作図

目標16：平和と公正をすべての人に②
ターゲットMap

目標16：平和と公正をすべての人に（Peace and justice）
持続可能な開発のための平和で包摂的な社会を促進し、すべての人々に司法へのアクセスを提供し、あらゆるレベルにおいて効果的で説明責任のある包摂的な制度を構築する

2030グローバル目標

①**MDGsでの取り扱い**：SDG16は、MDGsでは対象外となっていた領域です。

②**ターゲットの構成**：SDG16は、平和に加えて司法や制度と幅広い範囲が対象であり、目標16を構成する12件は、ターゲットMapで表現したように、次の三つのグループから構成されています。

- **平和**で包摂的な社会を促進、これについては、SDGsの目標5（ジェンダー平等を実現しよう）との関係が確認できます。
- 司法へのアクセスの提供
- 包摂的な制度の構築

ビジネスの視点から

ターゲットの内容は、主として政府の管轄ではあるものの、「SDGsに関するビジネス・レポーティング〜ゴールとターゲットの分析」によれば、施策系を除く10件中8件のターゲットが何らかの形でビジネスに関係しているとされています。ビジネスと深く関係するターゲットは7件にもおよびます。

figure

目標16：平和と公正をすべての人に　ターゲットMap

16 平和と公正をすべての人に

平和で包摂的な社会を促進

- 16.1 すべての形態の暴力および暴力関連の死亡率の大幅な減少
- 16.2 子どもに対するあらゆる形態の暴力および拷問の撲滅
- 16.4 あらゆる形態の組織犯罪の根絶

司法へのアクセスの提供

- 16.3 司法への平等なアクセスの提供

包摂的な制度の構築

- 16.5 あらゆる形態の汚職や賄賂の大幅な減少
- 16.6 有効で説明責任ある透明性の高い公共機関の開発
- 16.7 対応的、包摂的、参画型および代表的な意思決定の確保
- ★ 16.8 グローバル・ガバナンス機関への開発途上国の参加の拡大・強化
- 16.9 すべての人々に法的身分証明の提供
- 16.10 情報への公共アクセスの確保と、基本的自由の保障

- 16.a 国立人権機関など国家機関の強化
- 16.b 非差別的な法規および政策の推進

独立性の高い人権機関の設置が人権保護の第一歩となる。

出所：「我々の世界を変革する：持続可能な開発のための2030年アジェンダ」（外務省仮訳）2015年などを参照し独自に作図

目標16：平和と公正をすべての人に③
日本とビジネス

CHAPTER 3
48

1. 日本の進捗状況

日本の進捗状況は、90・3ポイントと高い状況にありますが、ジャーナリストに対する自由度のアンケート評価が低いなどの課題を指摘されています。

2. 日本の特記事項

出生届を導入し、国が独立性の高い**人権**機関を設定することが、個人の権利保護に向けた第一歩となるとされています。日本の出生登録制度は、ターゲット16・9（すべての人々に法的身分証明の提供）へのグッドプラクティスとなっています。

3. 日本政府の関連施策

「平和で包摂的な社会の促進」について、次の取組が含まれています。

・性犯罪やセクシャル・ハラスメントなど「女性に対する暴力根絶」
・不慮の事故、性被害の防止など「子どもの安全」対策
・「マネー・ローンダリング、テロ資金供与等」への対策

4. ビジネスアクション

制度構築に向けて政府や国際機関に働きかける行動と、サプライチェーンを含む課題への対応求められています。

5. SDGs相互関係

目標16に係わるアクションを取る場合、政府が権限を持つ項目もあり、官民の役割分担（目標17）に留意する必要があります。

figure

目標16：平和と公正をすべての人に　日本とビジネス

1．日本の進捗状況	90.3 ポイント	B　課題を残している
2．日本政府の施策（実施指針／取組）	⑦平和と安全・安心社会の実現	「SDGs 実施指針」の「⑦平和と安全・安心社会の実現」は、SDG16 に関連している。例えば、次の取組が含まれる： ・女性に対する暴力根絶（目標 16） ・子どもの安全（性被害、虐待、事故、人権問題等への対応）（ターゲット 16.2） ・マネー・ローンダリング、テロ資金供与等（目標 16） ・平和のための能力構築（目標 16）
3．ビジネスアクション	☑自社並びにサプライチェーンにおける違法行為および暴動を認識し、断固としたアクションを取る。 ☑制度の強化並びに法の支配の尊重とサポートを強化する。 ☑平和と制度を構築するため、紛争並びに人道的危機の領域で、政府や国際機関と協働する。	
4．キーワード	人権	人間であることに基づく普遍的な権利であり、人種や民族、性別を超えて、誰にでも認められている基本的な権利を指す。国際人権法によって国際的に保障されており、国家権力によっても侵されることはない。

SDGs 相互関係

17の目標 / 16. 平和	1 貧困	2 飢餓	3 健康	4 教育	5 ジェンダー	6 水	7 エネルギー	8 働き	9 産業	10 不平等	11 まち	12 責任	13 気候	14 海	15 陸	16 平和	17 パートナー
ポジティブ	○				○			○		○						■	○
リスク																■	✓

CHAPTER 3
49

目標17：パートナーシップで目標を達成しよう①
パートナーシップについての事実と数字

大局を掴もう

目標17は、SDGsの5つの重要領域の中で「パートナーシップ（Partnership）」に係わるものです。

2030アジェンダで採択されたSDGsというアグレッシブな一連の目標を達成するためには、各国政府はもちろんのこと、民間セクター、市民社会の**パートナーシップ**が欠かせません。

目標17は、MDGsではMDG8（開発のためのグローバルなパートナーシップの構築）の中で次の複数のターゲットの対象となっていました。

・8・A（開放的で、ルールに基づいた、予測可能でかつ差別のない貿易および金融システムのさらなる構築を推進する）
・8・B（後発開発途上国の特別なニーズに取り組む）
・8・C（内陸開発途上国および小島嶼開発途上国の特別なニーズに取り組む）
・8・D（開発途上国の債務に包括的に取り組む）

グローバルな重要課題

MDG8は、国際協力が得られなかったことなどにより、MDGsの8つの目標の中で最も達成度が低かったとされており、SDGsでは、目標17で19件ものターゲットを設定すると共に、他の16の目標に対しても、手段に当たる独自のターゲット（ピリオド以下がアルファベットの小文字で示されている）を設定し、新たな目標の着実な達成を促進するよう工夫がなされています。

figure

目標17：パートナーシップで目標を達成しよう　事実と数字

資金

ODA 2014年は過去最高水準	1352億ドル
開発途上国の輸出収入に対する債務負担割合	3%程度

貿易

開発途上国に対する先進国からの輸入品の非関税割合	79%

技術

アフリカのインターネット利用者の過去4年間の増加率	2倍
インターネット未利用者	40億人以上
世界の若者のオンライン歴5年以上の割合	30%

MDG8（開発のためのグローバルなパートナーシップの推進）
8.A、8.B、8.C、8.D

出所：「SDGs：事実と数字」国際連合広報センター、2018年などを参照し独自に作図

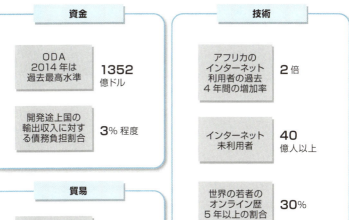

CHAPTER 3

50

目標17：パートナーシップで目標を達成しよう②
ターゲットMap

目標17：パートナーシップで目標を達成しよう
（Partnerships for the goals）
持続可能な開発のための実施手段を強化し、グローバル・パートナーシップを活性化する

2030グローバル目標

①**目標17のターゲットはすべて手段**：目標17が他の目標と異なる重要な特徴は、ターゲットMap上でも、すべてのターゲットを矢印で示してあるように、そのターゲットのすべてが**手段**（**Means**）であるという点です。

②**MDGsの踏襲**：MDGsで、同様の位置づけであったMDG8（開発のためのグローバルなパートナーシップの構築）と比較してみましょう。MDGでは資金と貿易が中心であったのに対して、SDGsでは技術、能力構築、体制面、パートナーシップ、そして**モニタリング**といった新たなテーマを追加し、その対象領域を拡大し明示するなど、SDGsの達成の確実性を高める努力が見られます。

ビジネスの視点から

目標17は、本来各国政府が中心となって実施することが想定されています。そのため19件中8件のターゲットが何らかの形でビジネスに関係してはいるものの、ビジネスと深く関係するターゲットは、ターゲット17・17（官民、市民社会パートナーシップの推進）の1件に限られています。

figure

目標17：パートナーシップで目標を達成しよう　ターゲットMap

17 パートナーシップで目標を達成しよう

資金

- 17.1 国内資源の動員強化 ★
- 17.2 ODAに係るコミットメント完全実施 ★ M
- 17.3 開発途上国のための追加的資金源の動員 ★
- 17.4 開発途上国と重債務貧困国の債務リスクの軽減 ★ M
- 17.5 後発開発途上国のための投資促進枠組みの導入 ★

技術

- 17.6 科学技術イノベーションにつき相互に合意した条件での知識共有の促進
- 17.7 環境に配慮した技術の開発、移転、普及、拡散の促進 ★
- 17.8 ICTをはじめとする実現技術の利用強化 ★

能力構築

- 17.9 開発途上国の能力構築支援の強化 ★

貿易

- 17.10 公平な多角的貿易体制の促進
- 17.11 開発途上国と後発開発途上国の輸出の増加 ★
- 17.12 後発開発途上国向け無税・無枠の市場アクセスの実施 ★ M

体制面。政策・制度的整合性

- 17.13 世界的なマクロ経済の安定促進
- 17.14 政策の一貫性の強化
- 17.15 各国の政策空間およびリーダーシップの尊重

マルチステークホルダー・パートナーシップ

- 17.16 グローバル・パートナーシップの強化 ★
- 17.17 公的、官民、市民社会パートナーシップの推進

データ、モニタリング、説明責任

- 17.18 非集計型データの入手可能性向上 ★
- 17.19 開発途上国の統計能力構築支援 ★

出所：「我々の世界を変革する：持続可能な開発のための2030年アジェンダ」（外務省仮訳）2015年などを参照し独自に作図

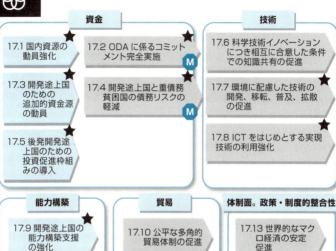

CHAPTER 3
51

目標17：パートナーシップで目標を達成しよう③
日本とビジネス

1. 日本の進捗状況

日本の進捗状況は、64・9ポイントと低く、評価もDと最悪の状況にあります。その背景には、ターゲット17・2の指標、OECD／ODAによる寄与のGNI（総国家所得）に占める割合が0・2％と低いことなどが挙げられます。

2. 日本の特記事項

日本のODAの予算額は、1990年代の一時期に世界一でしたが、その後の財政状況の悪化に伴って大きく低下しています。

3. 日本政府の関連施策

「SDGs実施推進の体制と手段」として次の取組が含まれています。

①国内について、

・市民社会等との連携
・SDGs経営イニシアチブや、ESG投資の推進
・モニタリング

②国際について、

・途上国のSDGs達成に貢献する企業の支援

4. ビジネスアクション

資金、技術、能力開発などのパートナーシップをリードすることなどが考えられるでしょう。

5. SDGs相互関係

目標17は、SDGsの他のすべての目標の達成手段（Means）であるため、他の目標と強い関係性を持っています。自立を支援すること、グローバルな不平等を助長しないこと、そして贈賄や汚職のリスクに留意する必要があります。

figure

目標17：パートナーシップで目標を達成しよう　日本とビジネス

17 パートナーシップで目標を達成しよう

1．日本の進捗状況	64.9 ポイント	D　重大な課題を残している
2．日本政府の施策（実施指針／取組）	⑧SDGs 実施推進の体制と手段	「SDGs 実施指針」の「⑧SDGs 実施推進の体制と手段」は、SDG17に関連している。例えば、次の取組が含まれる： ・市民社会等との連携（ターゲット 17.17） ・SDGs 経営イニシアチブや、ESG投資の推進(目標17) ・途上国の SDGs 達成に貢献する企業の支援（目標 17 技術） ・地方自治体や地方の企業の強みを活かした国際協力の推進（目標 17） ・モニタリング（国連における SDG 指標の測定協力、統計に関する二国間交流・技術支援等）（ターゲット 17.8、17.9）
3．ビジネスアクション	✓持続可能な開発のために、新規または既存の技術、知識そしてビジネスモデルを開発し共有するためのパートナーシップをリードする。 ✓責任ある納税実務により、地域の資源流通を改善するパートナーシップをリードする。 ✓開発途上国における規定、組織そして人材の能力を構築する。 ✓SDGs を達成するための体制面の変革を取り扱うパートナーシップをリードする。 ✓プライベート・セクター・ファイナンスを活気づけることにより、開発途上国における持続可能な開発のためのイニシアチブを支援する。	
4．キーワード	マルチステークホルダー・パートナーシップ	課題解決の鍵を握る多種多様なステークホルダーが、対等な立場で参加し、協働して課題の解決にあたる合意形成の方式を指す。

SDGs 相互関係

17の目標 ＼ 17.パートナー	1 貧困	2 飢餓	3 健康	4 教育	5 ジェンダー	6 水	7 エネルギー	8 働き	9 産業	10 不平等	11 まち	12 責任	13 気候	14 海	15 陸	16 平和	17 パートナー
ポジティブ	○	○	○	○	○	○	○	○	○	○	○	○	○	○	○	○	■
リスク										✓						✓	■

Column 3

個人とビジネスのSDGs対応

我々は、ビジネスパースンである前に一人の個人です。4章でSDGsを企業の戦略に取り込む際のポイントについて取り上げますが、その前に個人とビジネスのSDGsへのアクションの取り方に違いがあることを確認しておきましょう。

（1）個人レベルのアクション

個人は、仕事や日常生活を通じて、SDGsのいくつかの目標やターゲットに直接または間接的に関係する活動を行っています。そこで、日々の活動とのSDGs（もしくは環境・社会課題）との係わりをチェックすることから始めて、できることから行動に移す。そして、可能なら大きなムーブメントとするべく、まわりの人々、NGO、企業そして政府に対して呼びかけることを通じて、SDGsの達成に貢献することができるでしょう。

国連広報センターから、「持続可能な社会のために。ナマケモノにもできるアクション・ガイド」というチラシが発行されています。そこでは、ソファーに座っている（節電）、家の中にいる（浴槽に湯をはらない）、近所にいる（マイボトル持参）、職場にいる（ハラスメントに声を上げる）ときにもできることが42件紹介されています。

（2）ビジネス（企業）レベルのアクション

ビジネスがSDGsに対応するには、競争戦略としてのCSV（共通価値の創造）のコンセプトを採用することが有効です。

SDGsの具体的な目標やターゲットに貢献する新たな製品／サービスやビジネスモデルを開発するには、相当の投資が必要になります。企業としてリスクを冒して貴重な経営資源を投入するからには、目標とする環境・社会的課題へのインパクトの最大化を図る必要があります。つまり、企業は個人とは異なり、SDGsに影響を与えるすべての企業活動を取り上げるのではなく、インパクトの最大化、つまり重要なSDGsの目標ないしターゲットへの貢献の最大化を目的にとして、戦略的に選択と集中を行うことが求められているのです。

［Column2のクイズ正解］　①B、②B、③A、④A、⑤A

chapter

4

SDGsを戦略に取り込むアプローチとツール

SDGsを戦略に取り込んだ戦略のマネジメント・プロセスを実行する上で≪使える≫戦略の概念、SDGs組み込みアプローチ、そして各ステップで活用できるツールのポイントを押さえておきましょう。

CSVの視点を取り込む…価値創造の3つのレベル

CHAPTER 4 1

●経済・社会・環境の三つの側面

2030アジェンダと**SDGsの経済・社会・環境の三つの側面**を調和させるという原則は、営利企業がその本業を通じて社会のニーズや問題の解決と、企業の経済的価値を共に追求し、かつその両者の間に相乗効果を生み出すという**CSV**（共通価値の創造）の考え方と通じるものがあります。

●共通価値を創造する3つのレベル

CSVでは次の三つのレベルで価値が創造されるとしています。これはSDGsを戦略に組み込む場合の重要な視点となるので、SDG1（貧困をなくそう）を例に見てみることにしましょう。

①**SDGsに貢献する製品／サービスの開発**：SDG1では、特に脆弱なグループのニーズを満たし、生活の向上を狙った商品やサービスを創造し流通させる。

②**バリューチェーン／サプライチェーンの改善・改革**：自社ビジネス並びにサプライチェーンにわたるすべての従業員に一定水準の仕事環境を確保する。

③**地域エコシステム（生態系）の構築**：不利な立場に置かれているグループに能力を与える経済的なプログラムを導入する。

3章で、各目標の③、「日本とビジネス」の「4．ビジネスアクション」では、原則としてこの三つの領域に沿って記載してあるので参考にしてください。

figure

CSVの共通価値を創造する3つのレベル

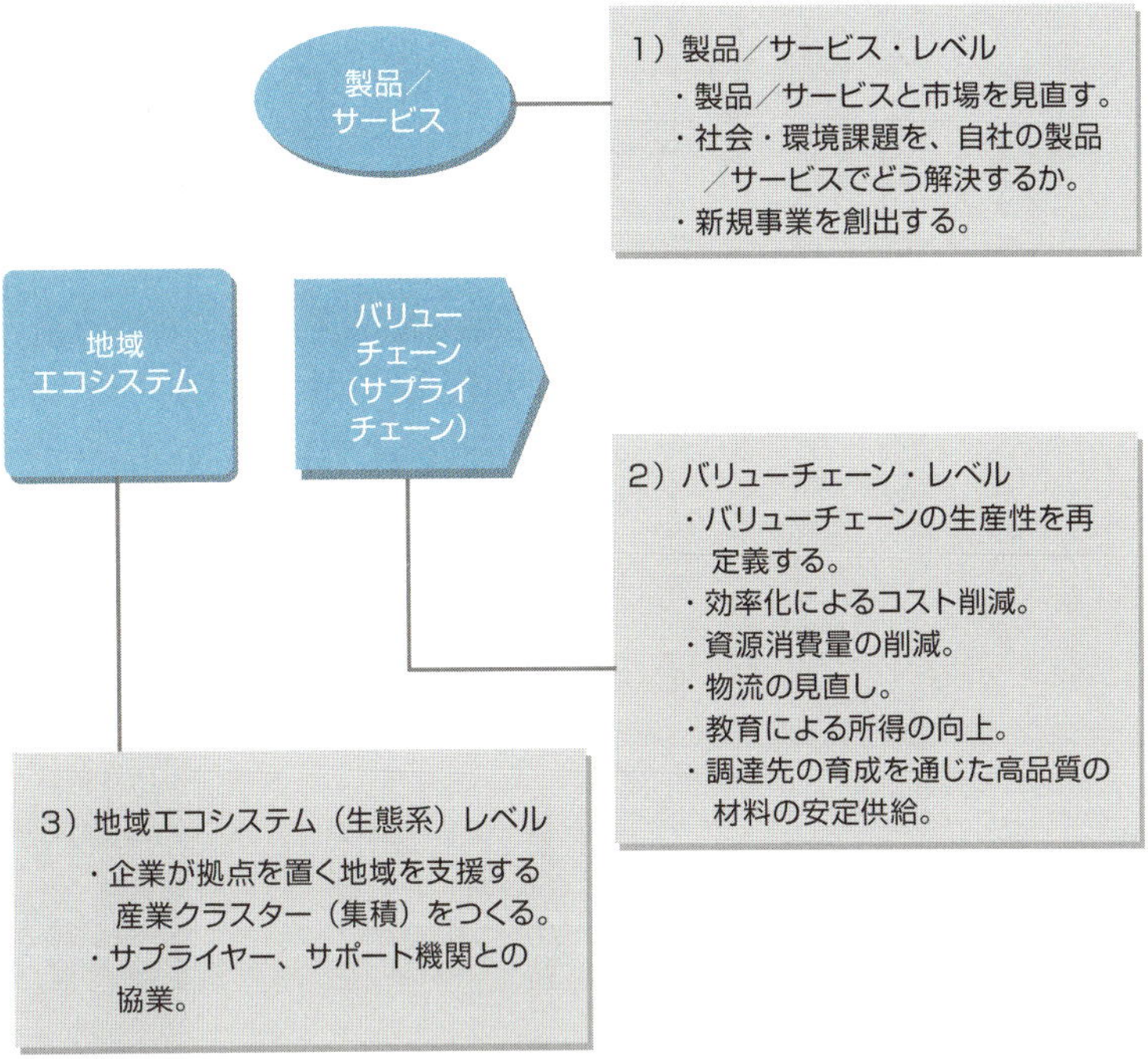
製品／サービス
1）製品／サービス・レベル
・製品／サービスと市場を見直す。
・社会・環境課題を、自社の製品／サービスでどう解決するか。
・新規事業を創出する。
地域エコシステム
バリューチェーン（サプライチェーン）
2）バリューチェーン・レベル
・バリューチェーンの生産性を再定義する。
・効率化によるコスト削減。
・資源消費量の削減。
・物流の見直し。
・教育による所得の向上。
・調達先の育成を通じた高品質の材料の安定供給。
3）地域エコシステム（生態系）レベル
・企業が拠点を置く地域を支援する産業クラスター（集積）をつくる。
・サプライヤー、サポート機関との協業。

SDGsへの貢献をCSVの3つのレベルで検討してみよう！

出所：「共通価値の戦略」ポーター＆クラマー、ダイヤモンド・ハーバードビジネス・レビュー誌、2011などを参照し独自に作図

CHAPTER 4 2 戦略へのSDGsの組み込み

●ビジネスに求められる選択と集中

企業がSDGsへの貢献を検討する場合には、経営資源を投入することに対する投資対効果に充分に配慮し（経済・財務面）、SDGsの目標とターゲットへのインパクトの最大化を図る（社会・環境面）ことになります。そのためには、SDGsの三つの側面のバランスを考慮した競争戦略としての**CSV**（共通価値の創造）として取り組むことが有効です。

●戦略へのSDGsの組み込み

次頁の図は、**戦略マネジメント**の代表的なステップと、SDGsを戦略に組み込むアプローチである**SDG Compass**の5つのステップを対比して示したものです。SDGsの組み込みのポイントは次のようになります。

①「1．SDGsを理解する」で、外部環境分析にSDGsをチェックリストとして活用します。

②事業活動がインパクトを与えるSDGsを棚卸し、「2．優先課題を決定」します。

③「3．目標を設定する（＝戦略の策定）」で、絞り込んだSDGsの目標を支援する戦略のストーリーを形成します。

④SDGsの組み込みをビジネスユニットや機能の戦略に展開することにより「4．経営へ統合」を推進していきます。

⑤SDGsを組み込んだ目標達成状況について「5．報告とコミュニケーション」を行います。

figure

戦略へのSDGsの組み込み

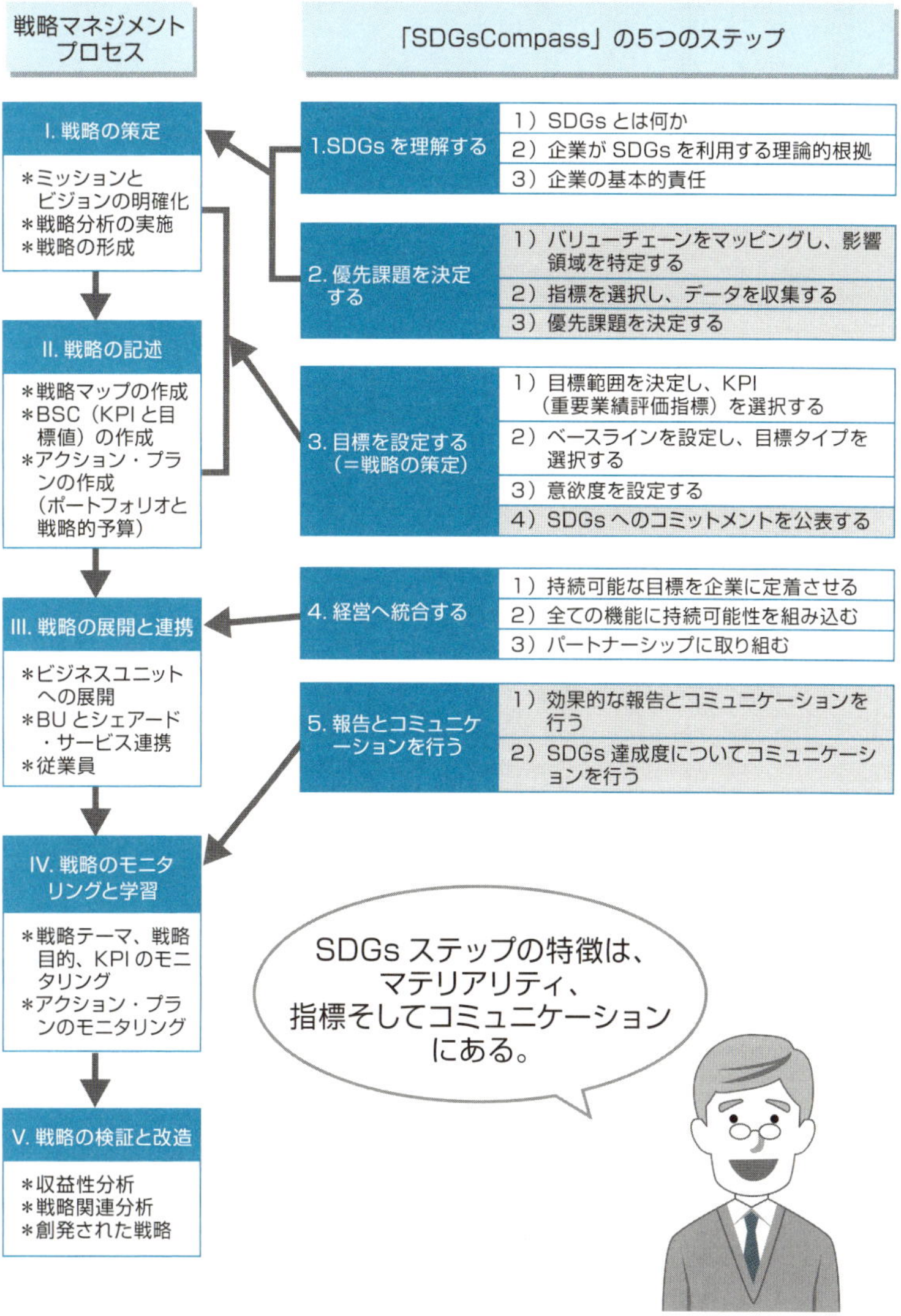
戦略マネジメントプロセス
「SDGsCompass」の5つのステップ
I. 戦略の策定
＊ミッションとビジョンの明確化
＊戦略分析の実施
＊戦略の形成
II. 戦略の記述
＊戦略マップの作成
＊BSC（KPIと目標値）の作成
＊アクション・プランの作成（ポートフォリオと戦略的予算）
III. 戦略の展開と連携
＊ビジネスユニットへの展開
＊BUとシェアード・サービス連携
＊従業員
IV. 戦略のモニタリングと学習
＊戦略テーマ、戦略目的、KPIのモニタリング
＊アクション・プランのモニタリング
V. 戦略の検証と改造
＊収益性分析
＊戦略関連分析
＊創発された戦略
1.SDGsを理解する
1）SDGsとは何か
2）企業がSDGsを利用する理論的根拠
3）企業の基本的責任
2. 優先課題を決定する
1）バリューチェーンをマッピングし、影響領域を特定する
2）指標を選択し、データを収集する
3）優先課題を決定する
3. 目標を設定する（＝戦略の策定）
1）目標範囲を決定し、KPI（重要業績評価指標）を選択する
2）ベースラインを設定し、目標タイプを選択する
3）意欲度を設定する
4）SDGsへのコミットメントを公表する
4. 経営へ統合する
1）持続可能な目標を企業に定着させる
2）全ての機能に持続可能性を組み込む
3）パートナーシップに取り組む
5. 報告とコミュニケーションを行う
1）効果的な報告とコミュニケーションを行う
2）SDGs達成度についてコミュニケーションを行う
SDGsステップの特徴は、マテリアリティ、指標そしてコミュニケーションにある。

出所：「SDGCompass」2016、GRI、UNGC、wbcsd他を参照し作成

SDGsインパクト領域の棚卸し…バリューチェーン・マッピング

CHAPTER 4 3

「ステップ2. 優先課題を決定する」には、SDGsを社会、環境面でのニーズとして捉えて自社の現状および将来の活動がSDGsの目標とターゲットに与える正ないし負のインパクト（影響）を棚卸しすることから始めます。その時に活用するツールが**バリューチェーン・マッピング**です。

バリューチェーン・マッピング

①範囲は自社のみでなく、広くサプライチェーンの上流と下流をカバーします。

・天然資源や農林水産業を含む上流のサプライヤー、下流に位置する流通チャネル、そして最終消費者におけるニーズの確認から消費、そして廃棄、リサイクルへと至る消費チェーンまで。

・さらに、サプライチェーンのパートナーに限定することなく地域エコシステムまでを対象とします。

②活動については、現在のみならず将来を念頭に置きます。

③負のインパクト（リスク）と正のインパクトの双方を検討します。

インパクト領域を特定する

①SDGsの達成に負の**インパクト**を与える可能性のある活動についてその最小化

②SDGsの達成に現在または将来貢献する活動やコア・コンピテンシー、技術および製品構成について、正のインパクトの強化

をそれぞれ検討します。

figure

「バリューチェーン・マッピング」によるインパクト領域の特定

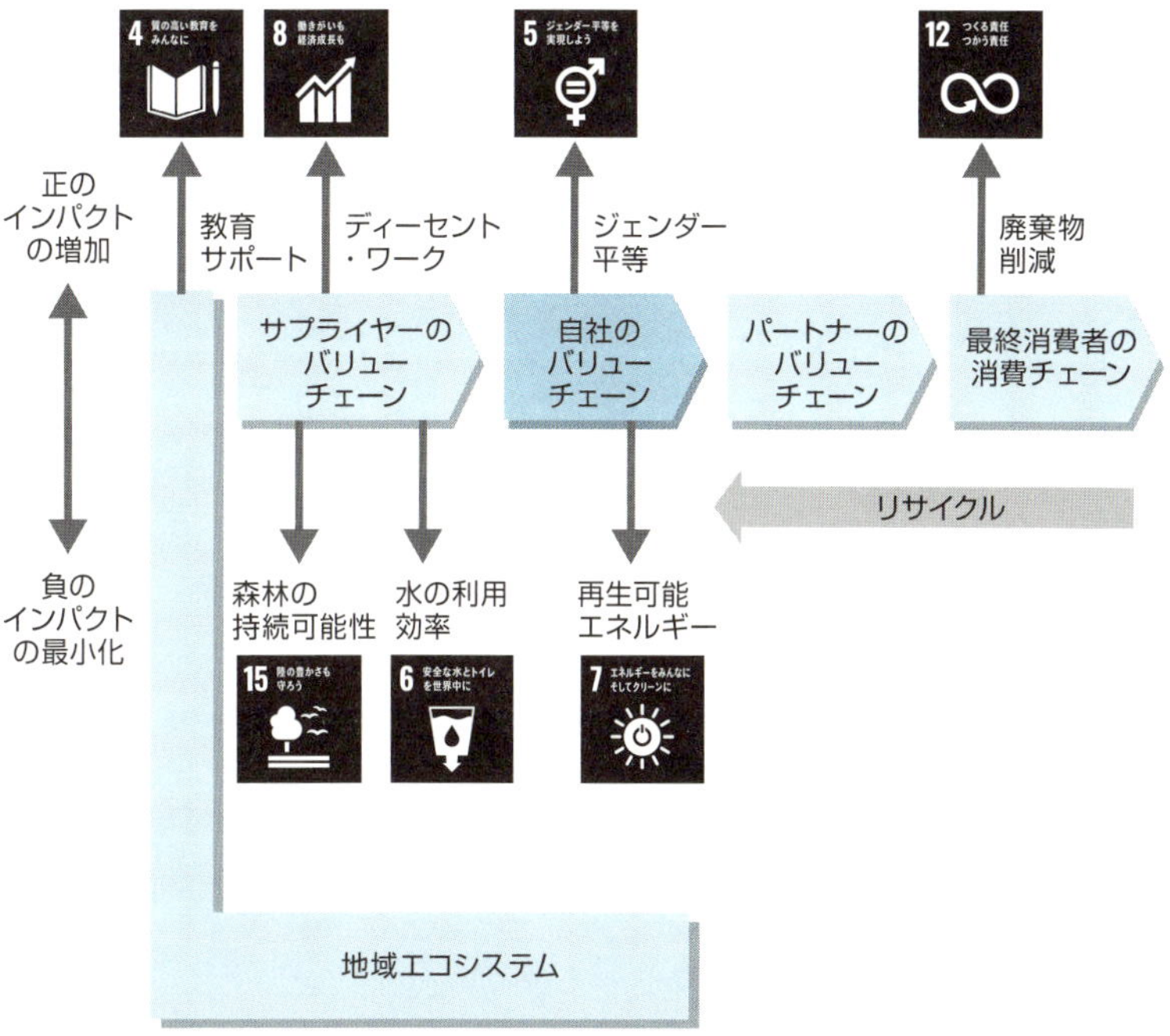

出所：「SDGCompass」2016、GRI、UNGC、wbcsdを参照し作成

SDGsと指標の選定…ロジックモデル

CHAPTER 4
4

SDGsにおける指標の重要性

インプット（投入）⬇アクティビティ（活動）⬇製品等のアウトプット（結果）の流れがあります。

事業のミッションを考えたときに、製品等が便益を提供した**アウトカム（成果）**を捉えることが重要になります。さらに、SDGsへの貢献を念頭に置くと、製品等が社会や環境に与える**インパクト（影響）**を把握することが求められています。

SDGsの各ターゲットに対応する指標（グローバル・インディケータ）は、このインパクト・レベルに相当する指標です。これらの関係を示したフレームワークを**ロジックモデル**と呼んでいます。

企業が活用できる関連指標

SDGsの**グローバル指標**は、SDG3（すべての人に健康と福祉を）を例に挙げると、「出生率」や「死亡率」など、企業がそのまま使えることは滅多にありません。図では、浄水用の錠剤と血圧計を例に、ロジックモデルと各レベルの指標の例を示してあります。

SDGsを組み込んだ戦略

指標は、**SDG Compass**の次の3つのステップで重要な役割を果たします。

ステップ2．優先課題を決定する
ステップ3．目標を設定する（戦略の策定）
ステップ5．報告とコミュニケーションを行う

figure

SDGs関連指標のレベルと「ロジックモデル」

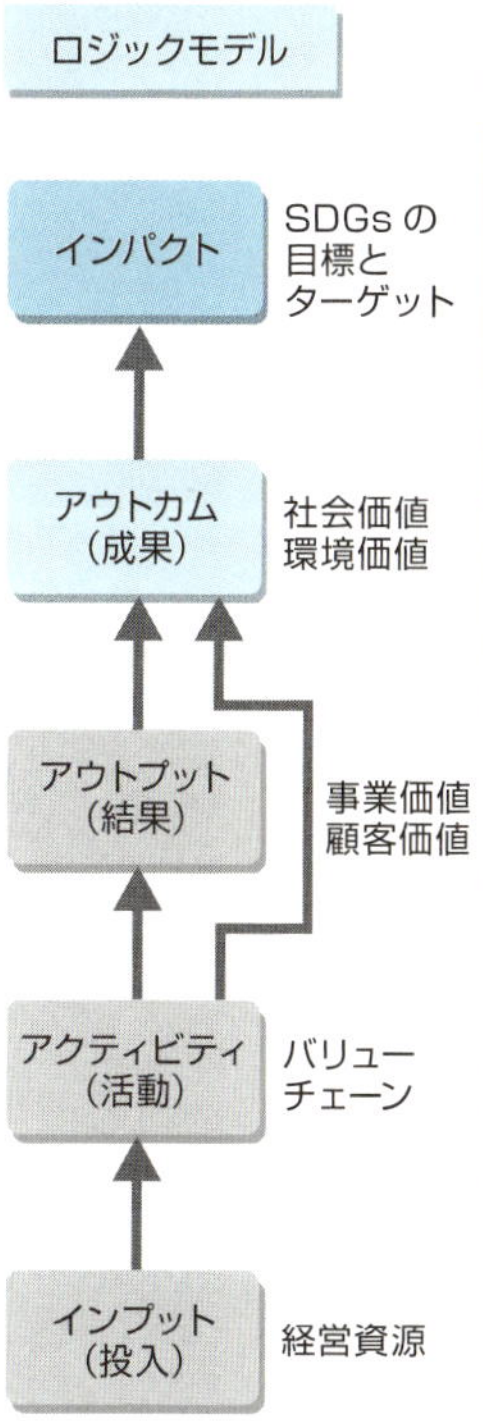

	浄水用の錠剤	血圧計
インパクト	水系感染症発生率（販売前との比較（%）） ★SDG ターゲット 3.3	脳・心血管症患者数 ★SDG ターゲット 3.4 指標 3.4.1 心血管疾患、癌、糖尿病、または慢性の呼吸器系疾患の死亡率
成果	浄化した水の使用量（全使用量における割合）	血圧を測定した高血圧患者数
結果（産出）	浄水錠剤の販売数（販売数および錠剤購入者に関する人口動態調査）	血圧計の販売台数
活動	浄水錠剤の製造、マーケティングおよび販売活動	血圧計の製造、マーケティングおよび販売活動
資源（投入）	研究開発費、製造費用、マーケティング費用	研究開発費、製造費用、マーケティング費用

出所：「SDGCompass」GRI、UNGC、wbcsd、2016並びに、「未来につなげるSDGsとビジネス」GCNJ、IGES、2018のオムロン株式会社の血圧計事例を参照し独自に作成

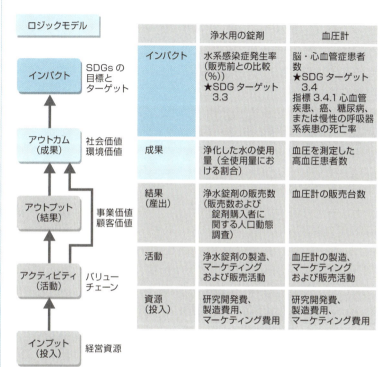

CHAPTER 4

5

SDGsにおける優先順位の特定：マテリアリティ・マトリックス

●重要性の判断

SDGsの戦略プロセスでは、**重要性**を判断し、絞り込む作業を次の2つのステップで行います。

①重要課題の特定

戦略は選択と集中にあるといわれます。SDGsについても、ある企業が17の目標のすべてに係わることは稀で、そのインパクトの程度にも差があります。「ステップ2(3) 優先課題を決定する」で、SDGsの目標とターゲットの絞り込みを行います。

②ステークホルダーへの報告事項の特定

重要な報告事項の選定を「ステップ5. 報告とコミュニケーションを行う」で実施します。

マテリアリティとは重要性という意味で、もともとは、財務情報として報告すべき項目を決定するために、売上高や利益に与える影響の重要性に基づいて判断したもので、社会や環境などの非財務情報の報告に応用した概念です。そして、重要な戦略テーマの選定にも応用されています。

●マテリアリティ・マトリックスの活用

重要性の判断に用いられるツールが二つの軸で評価する**マテリアリティ・マトリックス**です。

①重要課題の特定

活動を継続していることのリスク、機会としての新製品／サービスの成長の可能性など

②ステークホルダーへの報告事項の特定

社会にとっての重要度（関心・期待の程度）

figure

SDGsではマテリアリティ・マトリックスを2つのステップで活用する

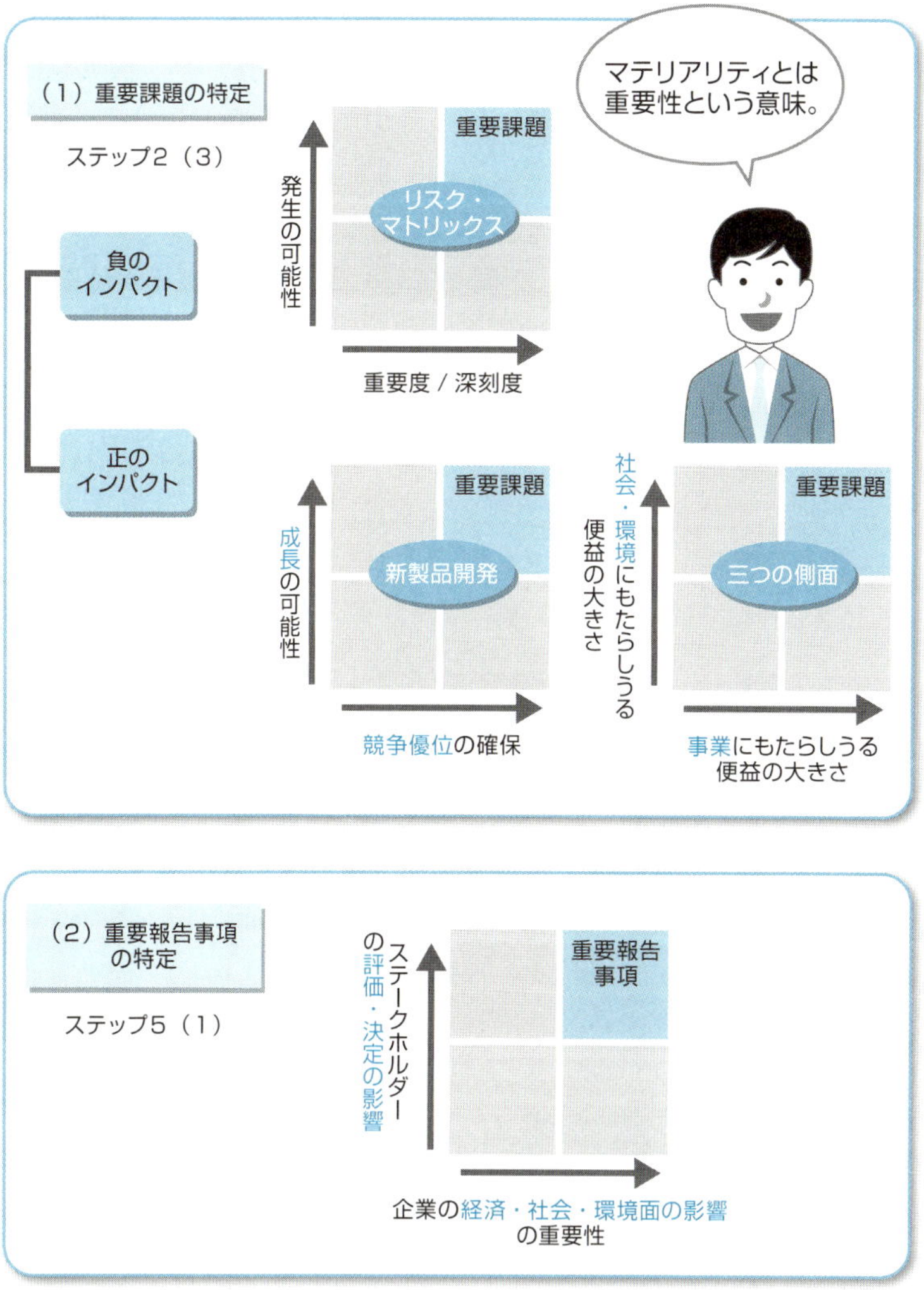

CHAPTER 4 6

SDGs対応の戦略ストーリーの見える化：戦略マップ

戦略への組み入れと戦略の見える化

ロジックモデルは、事業活動が社会や環境に与えるインパクトまでの流れと関係性を掴む上で有効なツールの一つです。

一方、戦略をわかりやすく表現するフレームワークとして広く普及しているものが、**BSC（バランス・スコアカード）**の**戦略マップ**です。

著者は20年ほどBSCに係わっていますが、経済（財務）、社会そして環境というSDGsの三つの側面を踏まえた戦略マップのテンプレートを開発し提唱しています（拙著『〈新版〉松原流：戦略マップ／BSCとOKRの連携教本』、『ビジネスモデル・マッピング教本』を参照）。

戦略マップのCSV対応版

一般に、戦略マップは、図に示したように、BSCの四つの視点と呼ばれる、①経営資源（学習と成長の視点）、②バリューチェーン（業務プロセスの視点）、③顧客価値（顧客の視点）、そして果実としての④事業価値（財務の視点）から構成されています。

SDGsの戦略への組み込みを強く意識した場合には、**アウトカム**である環境・社会を独立した視点として、戦略マップの最上位に設置し、目標とその達成度を示すと共に、アウトカムを創造する**戦略のストーリー**を**戦略テーマ**として設定します。

以下の節で、CSVの3つの領域ごとに戦略マップを用いて説明することにしましょう。

figure

戦略マップ（CSV対応版）のテンプレート

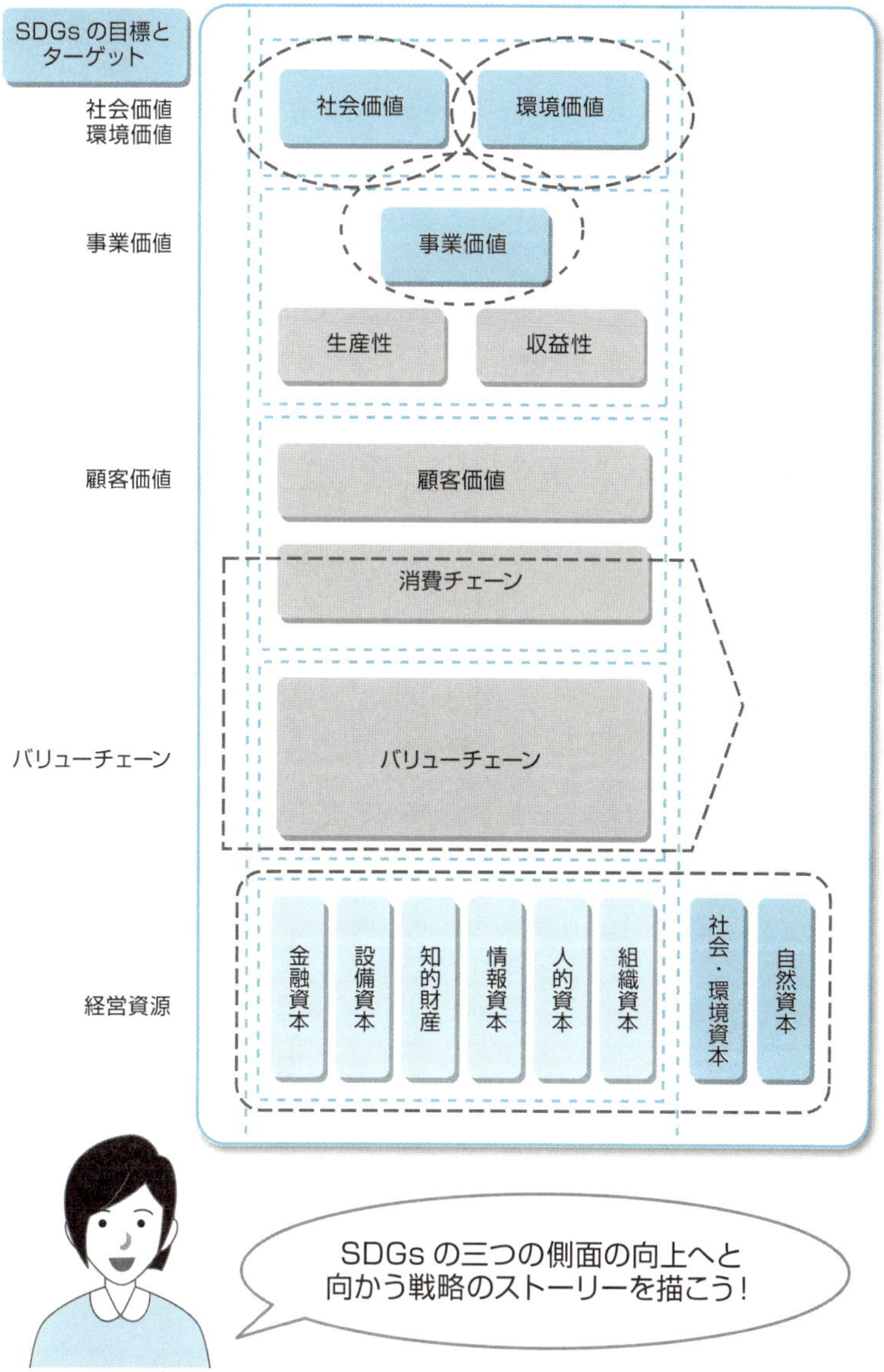

製品／サービスの開発で共通価値を創造する

製品／サービスの開発

共通価値を創造する一つ目のレベルとして、SDGsに貢献する製品／サービスの研究・開発を見てみましょう。関連する戦略のテーマとしては、選定したSDGsの重要課題／目標への貢献（正のインパクト強化）を目指してクローズドあるいはオープンで、

・新製品やサービスの開発
・既存の製品やサービスによる解決策
・新規事業の創出

することなどが挙げられます。

健康志向からの酒類やたばこ業界、脱炭素社会に向けた炭素集約型事業への不買運動やダイベストメント（投資や金融資産の引き揚げ）などの動きを受けて、この戦略に取り組むケースも見られます。

戦略ストーリーの見える化

次頁に示した**戦略マップ**は、SDG3（すべての人に健康と福祉を）に貢献するため、健康上の成果の向上を目的とする製品、サービスそしてビジネスモデルを調査、開発し展開するという**戦略のストーリー**を示しています。

この**製品／サービスの開発**のレベルのアクションには中長期の投資が必要になります。また、食品業界におけるパーム油のケースにもあるように、製品やサービスが、その他のSDGsに与える負のインパクトを回避できるよう企画、開発、提供されることに留意する必要があります。

figure

製品／サービス・レベルの共通価値の創造の戦略マップ

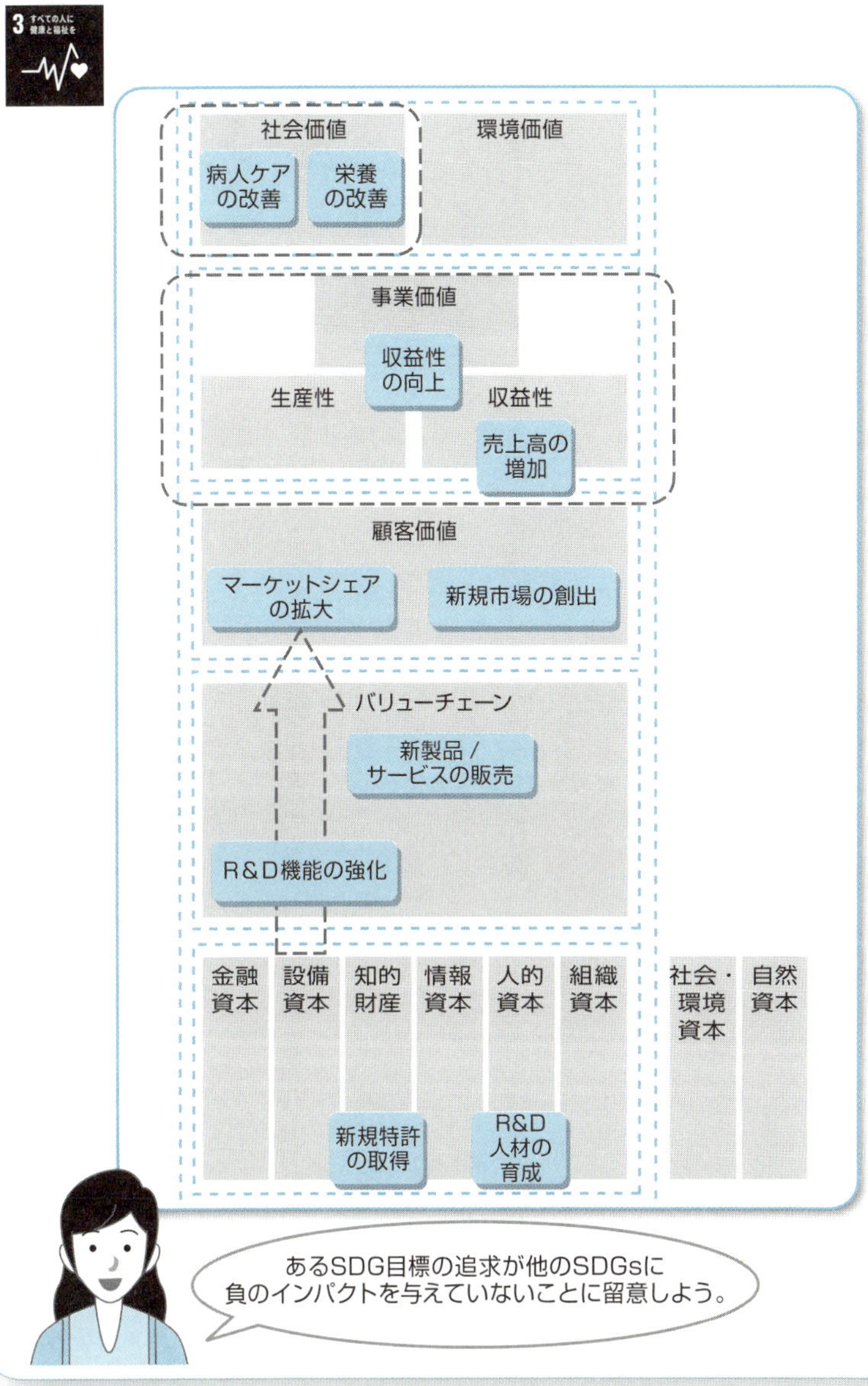

バリューチェーンの改善・改革で共通価値を創造する

CHAPTER 4
8

バリューチェーンの改善・改革

共通価値を創造する二つ目のレベルとして、SDGsに貢献する**バリューチェーン／サプライチェーンの改善・改革**を見てみましょう。

関連する**戦略テーマ**としては、バリューチェーン・マッピングで選定したSDGsの重要課題／目標への貢献（正のインパクトの増加や負のインパクトの最小化）を目指して、

・効率化によるコスト削減
・資源消費量の削減
・物流コストの見直し
・調達先の育成を通じた高品質の材料の安定供給

といったバリューチェーンの生産性を再定義することが挙げられます。

戦略ストーリーの見える化

次頁に示した**戦略マップ**は、SDG8（働きがいも経済成長）に貢献するため、サプライチェーンをまたがったすべての従業員に対して、働きがいのある人間らしい仕事（ディーセント・ワーク）ができる環境を支援するという**戦略のストーリー**を示しています。

戦略マップ上にSDG8以外のSDGsのアイコンが掲載されているように、戦略マップを使ってストーリーを明示することで、ある重要課題への対応が、他のSDGsにも正のインパクトを与える可能性を確認することができます。

figure バリューチェーン／サプライチェーン・レベルの共通価値の創造の戦略マップ

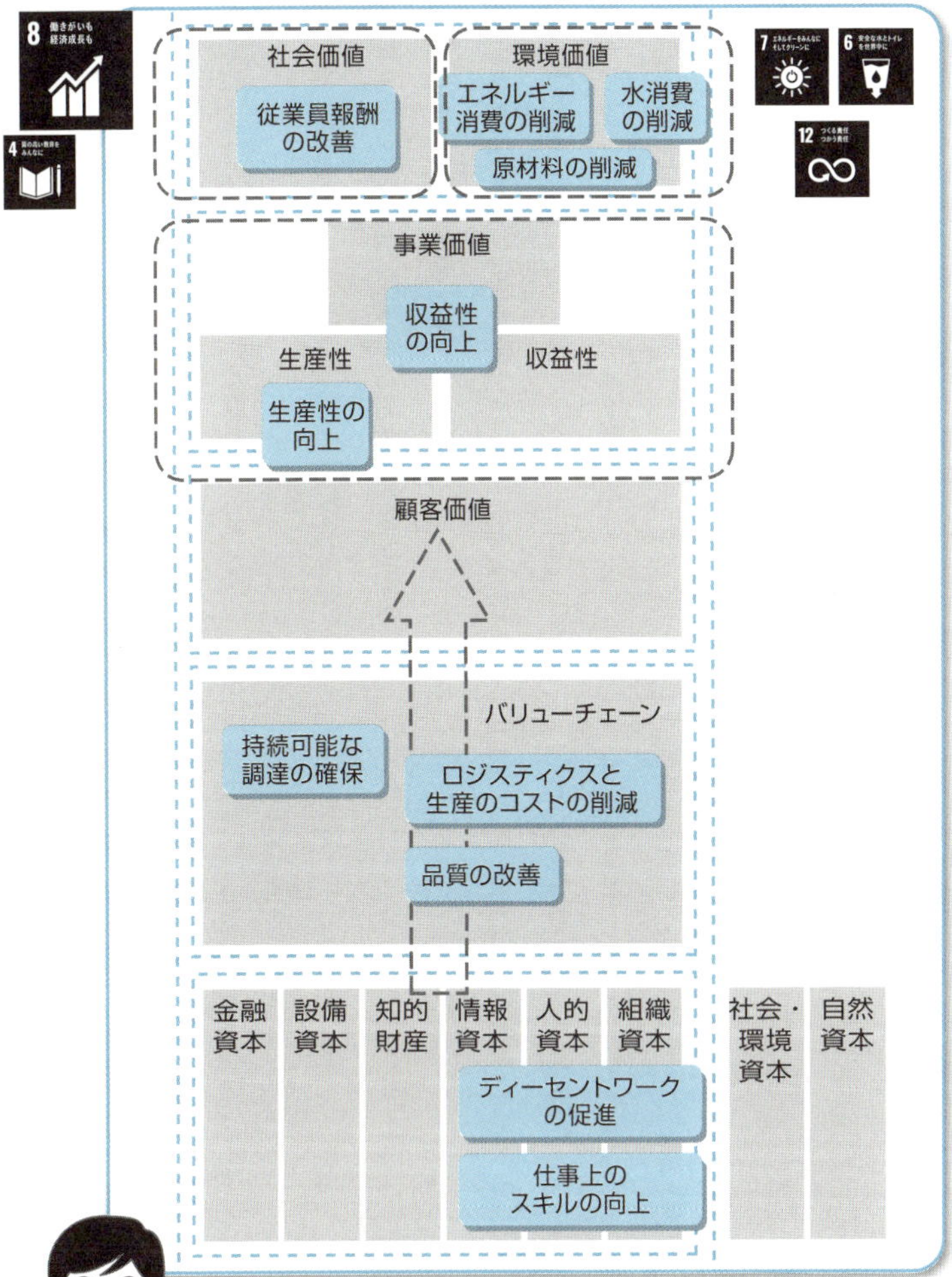

CHAPTER 4 9

地域エコシステムの支援で共通価値を創造する

●地域エコシステムの支援

共通価値を創造する三つ目のレベルとして、SDGsに貢献する**地域エコシステムの支援**を見てみましょう。関連する**戦略テーマ**としては、

- 企業が拠点を置く地域を支援する産業クラスター（集積）を形成する
- サプライヤー、サポート機関と協業する

などが挙げられます。

●戦略ストーリーの見える化

次頁に示した**戦略マップ**は、SDG2（飢餓をゼロに）に貢献するため、自社が業務を行う周辺のすべてのコミュニティにおいて、栄養不良と飢餓を終わらせることに貢献するべく、食品の製造、流通そして小売の改善・改革を支援するという**戦略のストーリー**を示しています。

ヒンドゥスタン・ユニリーバの「シャクティ・イニシアチブ」のケースを挙げることができるでしょう。貧しく、現在同社の顧客ではない層（非消費者）を対象にして、地元銀行やマイクロファイナンス（貧困層向け小口金融）とパートナーを組んで、地元の女性の起業を支援し、営業要員としての適切なトレーニングとサポートを提供すると共に、小さな村への流通経路を整備することにより、地元住民にビジネスの機会を提供し、生活の改善を実現すると共に、自社の商品（ハンドソープ、シャンプー）の売上増と利益の増加という事業価値の向上の双方を実現しているものです。

figure

地域エコシステム・レベルの共通価値の創造の戦略マップ

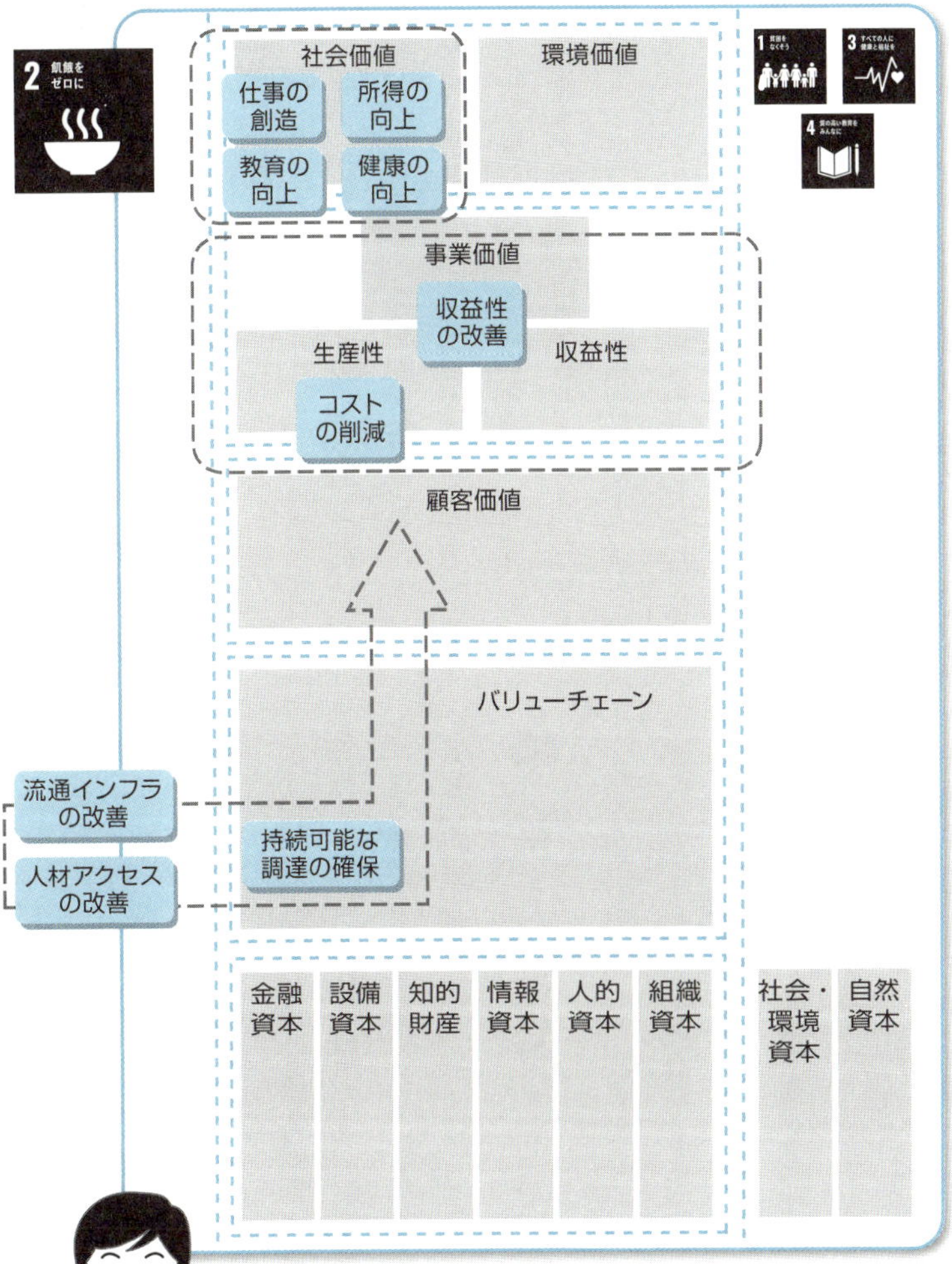

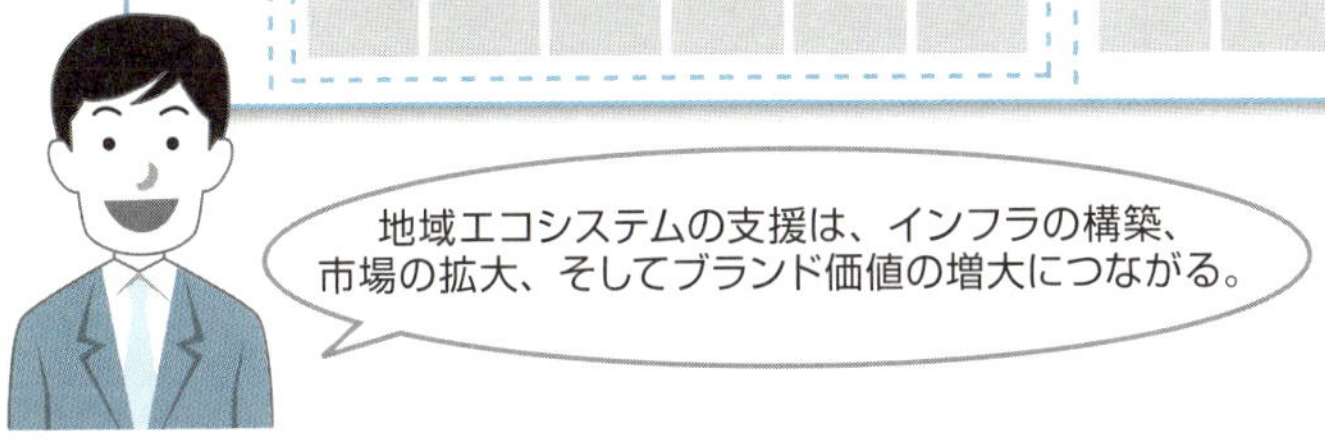

SDGsのコミュニケーション‥統合報告書

CHAPTER 4
10

統合報告書

「ステップ5．報告とコミュニケーションを行う」にあるように、SDGsへの戦略と貢献についてステークホルダーに開示し、適切に**コミュニケーション**することの重要性が益々高まってきています。

機関投資家を含む資金提供者とのコミュニケーションのスタートラインが**統合報告書**です。統合報告書は、ワン・レポートとも呼ばれ、財務に加えてSDGs、ESG要素（1-5節参照）などの非財務情報を相互に関係性を持たせてコンパクトに一つのレポートにまとめた企業報告書です。

国際統合報告評議会（IIRC）から2013年に「国際統合報告フレームワーク」が公表されて以来、投資家を含むステークホルダーとの対話のベースとして重視されています。統合報告は日本でも広まりを見せており、2018年には上場企業を中心に400社を超える企業が統合報告書を発行しています（拙著『図解「統合報告」の読み方・作り方』を参考）。

ステークホルダー別の対応

ステークホルダーの特徴を踏まえて、次のようなコミュニケーションも有効であるとされています。

・顧客ならば、重要な社会問題に絞って、大胆かつ素早く意見を表明し行動すること。
・NGOや政府機関などであれば、継続的な対話や共同プロジェクトの実施などを通じて良好な関係を構築すること。

figure

機関投資家とのSDGs・ESGコミュニケーション

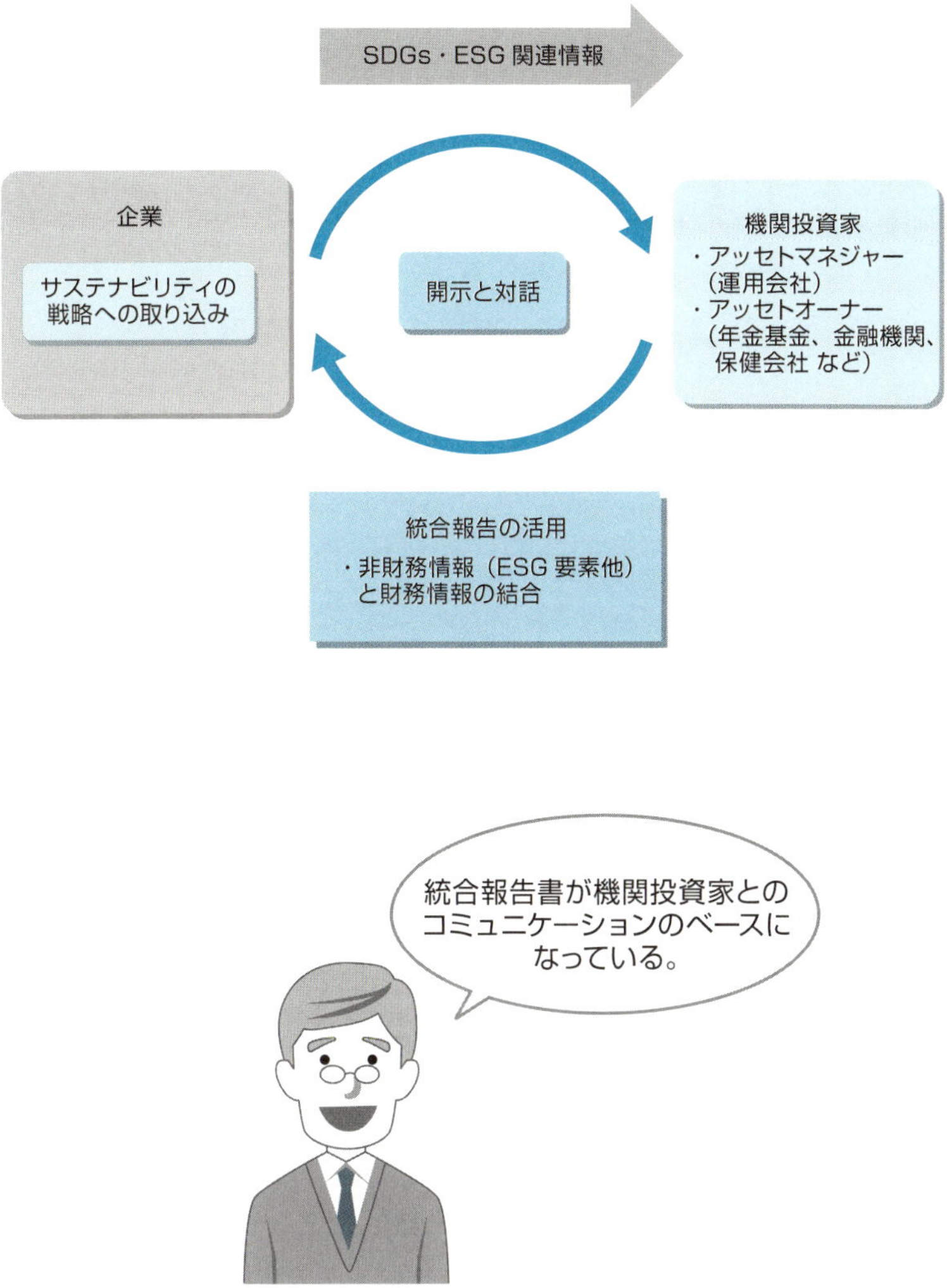

Column 4

おすすめサイト

「2030アジェンダ」とSDGsは2030に向けたグローバル・ゴールとして、関連する組織から、各種フレームワークなど（2-6節参照）が作成、公表され、またグッドプラクティスやシンポジュームなどの情報も充実し始めています。

ここでは、SDGsを深く知ることができる国連と日本政府の関連サイト（日本語）を紹介します。

（1）**国際連合広報センター（UNIC）**

国連の活動全般にわたり日本における広報活動を行っています。ホームページ上の「主な活動」➡「経済社会開発」➡「持続可能な開発」へと進むと、SDGsに関する各種報告書と有用情報、そしてリンク先が紹介されています。

https://www.unic.or.jp/

（2）グローバル・コンパクト・ネットワーク・ジャパン（GCNJ）

国連グローバル・コンパクト（UNGC）は、持続可能な成長を実現するための世界的な枠組み作りに参加する企業・団体の自発的な取組です。ビジネスとSDGsとの接点として、「SDGコンパス」をはじめとした成果物を公表しています。GCNJは、UNGCの日本におけるローカル・ネットワークです。

http://www.ungcjn.org/

（3）外務省の「Japan SDGs Action Platform」

「**持続可能な開発目標（SDGs）推進本部**」など日本政府による取組の内容、企業、自治体などの取組事例、ジャパンSDGsアワードの受賞組織などの情報が紹介されています。

https://www.mofa.go.jp/mofaj/gaiko/oda/sdgs/

上記の代表的なポータルサイトに加えて、SDGsの17目標に係わるNGO、NPOの関連サイトや、SNSのSDGs関連グループなどの情報交換の場も参考になるでしょう。

巻末資料

資料１　SDGs目標別ターゲット・指標一覧
出典：国連統計局、総務省仮訳「指標」2017
資料２　MDGs目標とターゲット一覧
出典：外務省「ミレニアム開発目標一覧（完全版）」2010

資料1　SDGs目標別ターゲット・指標一覧

目標1：貧困をなくそう(No poverty)
あらゆる場所のあらゆる形態の貧困を終わらせる

ターゲット	指標
1.1　2030年までに、現在1日1.25ドル未満で生活する人々と定義されている極度の貧困をあらゆる場所で終わらせる。	1.1.1　国際的な貧困ラインを下回って生活している人口の割合(性別、年齢、雇用形態、地理的ロケーション(都市/地方)別)
1.2　2030年までに、各国定義によるあらゆる次元の貧困状態にある、すべての年齢の男性、女性、子どもの割合を半減させる。	1.2.1　各国の貧困ラインを下回って生活している人口の割合(性別、年齢別)
	1.2.2　各国の定義に基づき、あらゆる次元で貧困ラインを下回って生活している男性、女性および子どもの割合(全年齢)
1.3　各国において最低限の基準を含む適切な社会保護制度および対策を実施し、2030年までに貧困層および脆弱層に対し十分な保護を達成する。	1.3.1　社会保障制度によって保護されている人口の割合(性別、子ども、失業者、年配者、障害者、妊婦、新生児、労務災害被害者、貧困層、脆弱層別)
1.4　2030年までに、貧困層および脆弱層をはじめ、すべての男性および女性が、基礎的サービスへのアクセス、土地およびその他の形態の財産に対する所有権と管理権限、相続財産、天然資源、適切な新技術、マイクロファイナンスを含む金融サービスに加え、経済的資源についても平等な権利を持つことができるように確保する。	1.4.1　基礎的サービスにアクセスできる世帯に住んでいる人口の割合
	1.4.2　土地に対し、法律上認められた書類により、安全な所有権を有し、また土地の権利が安全であると認識している全成人の割合(性別、保有の種類別)
1.5　2030年までに、貧困層や脆弱な状況にある人々の強靱性(レジリエンス)を構築し、気候変動に関連する極端な気象現象やその他の経済、社会、環境的ショックや災害への暴露や脆弱性を軽減する。	1.5.1　10万人当たりの災害による死者数、行方不明者数、直接的負傷者数
	1.5.2　グローバルGDPに関する災害による直接的経済損失
	1.5.3　仙台防災枠組み2015-2030に沿った国家レベルの防災戦略を採択し実行している国の数
	1.5.4　仙台防災枠組み2015-2030に沿った地方レベルの防災戦略を採択し実行している地方政府の割合

ターゲット	指標
1.a　あらゆる次元での貧困を終わらせるための計画や政策を実施するべく、後発開発途上国をはじめとする開発途上国に対して適切かつ予測可能な手段を講じるため、開発協力の強化などを通じて、さまざまな供給源からの相当量の資源の動員を確保する。	1.a.1　政府によって貧困削減計画に直接割り当てられた国内で生み出された資源の割合
	1.a.2　全体の国家財政支出に占める必要不可欠なサービスの割合（教育、健康、および社会的な保護）
	1.a.3　貧困削減計画に直接割り当てられた助成金および非譲渡債権の割合（GDP比）
1.b　貧困撲滅のための行動への投資拡大を支援するため、国、地域および国際レベルで、貧困層やジェンダーに配慮した開発戦略に基づいた適正な政策的枠組みを構築する。	1.b.1　女性、貧困層および脆弱層グループに重点的に支援を行うセクターへの政府からの周期的な資本投資

資料 1

SDGs目標別ターゲット・指標一覧

目標2：飢餓をゼロに(Zero hunger)
飢餓を終わらせ、食料安全保障および栄養改善を実現し、持続可能な農業を促進する

ターゲット	指標
2.1 2030年までに、飢餓を撲滅し、すべての人々、特に貧困層および幼児を含む脆弱な立場にある人々が一年中安全かつ栄養のある食料を十分得られるようにする。	2.1.1 栄養不足蔓延率(PoU) 2.1.2 食料不安の経験尺度(FIES)に基づく、中程度または重度な食料供給不足の蔓延度
2.2 5歳未満の子どもの発育阻害や消耗性疾患について国際的に合意されたターゲットを2025年までに達成するなど、2030年までにあらゆる形態の栄養不良を解消し、若年女子、妊婦・授乳婦および高齢者の栄養ニーズへの対処を行う。	2.2.1 5歳未満の子どもの発育阻害の蔓延度(WHO子どもの成長基準の中央値から-2SD未満の年齢に対する身長) 2.2.2 5歳未満の子どもの栄養失調の蔓延度(WHO子どもの成長基準の中央値から+2SDより大きいか、または-2SD未満の身長に対する体重)(タイプ(衰弱、過体重)別に詳細集計)
2.3 2030年までに、土地、その他の生産資源や、投入財、知識、金融サービス、市場および高付加価値化や非農業雇用の機会への確実かつ平等なアクセスの確保などを通じて、女性、先住民、家族農家、牧畜民および漁業者をはじめとする小規模食料生産者の農業生産性および所得を倍増させる。	2.3.1 農業/牧畜/林業企業規模の分類ごとの労働単位あたり生産額 2.3.2 小規模食料生産者の平均的な収入(性別、先住民・非先住民の別)
2.4 2030年までに、生産性を向上させ、生産量を増やし、生態系を維持し、気候変動や極端な気象現象、干ばつ、洪水およびその他の災害に対する適応能力を向上させ、漸進的に土地と土壌の質を改善させるような、持続可能な食料生産システムを確保し、強靭(レジリエント)な農業を実践する。	2.4.1 生産的で持続可能な農業の下に行われる農業地域の割合

ターゲット	指標
2.5　2020年までに、国、地域および国際レベルで適正に管理および多様化された種子・植物バンクなども通じて、種子、栽培植物、飼育・家畜化された動物およびこれらの近縁野生種の遺伝的多様性を維持し、国際的合意に基づき、遺伝資源およびこれに関連する伝統的な知識へのアクセスおよびその利用から生じる利益の公正かつ衡平な配分を促進する。	2.5.1　中期または長期保存施設に確保されている食物および農業のための動植物の遺伝資源の数 2.5.2　絶滅の危機にある、絶滅の危機にはない、または、不明というレベルごとに分類された在来種の割合
2.a　開発途上国、特に後発開発途上国における農業生産能力向上のために、国際協力の強化などを通じて、農村インフラ、農業研究・普及サービス、技術開発および植物・家畜のジーン・バンクへの投資の拡大を図る。	2.a.1　政府支出における農業指向指数 2.a.2　農業部門への公的支援の全体的な流れ（ODAおよび他の公的支援の流れ）
2.b　ドーハ開発ラウンドのマンデートに従い、すべての農産物輸出補助金および同等の効果を持つすべての輸出措置の同時撤廃などを通じて、世界の市場における貿易制限や歪みを是正および防止する。	2.b.1　農業輸出補助金
2.c　食料価格の極端な変動に歯止めをかけるため、食料市場およびデリバティブ市場の適正な機能を確保するための措置を講じ、食料備蓄などの市場情報への適時のアクセスを容易にする。	2.c.1　食料価格の変動指数（IFPA）

資料 1

SDGs目標別ターゲット・指標一覧

目標3：すべての人に健康と福祉を（Good health and well-being）
あらゆる年齢のすべての人々の健康的な生活を確保し、福祉を促進する

ターゲット	指標
3.1　2030年までに、世界の妊産婦の死亡率を出生10万人当たり70人未満に削減する。	3.1.1　妊産婦死亡率
	3.1.2　専門技能者の立会いの下での出産の割合
3.2 すべての国が新生児死亡率を少なくとも出生1,000件中12件以下まで減らし、5歳以下死亡率を少なくとも出生1,000件中25件以下まで減らすことを目指し、2030年までに、新生児および5歳未満児の予防可能な死亡を根絶する。	3.2.1　5歳未満児死亡率
	3.2.2　新生児死亡率
3.3　2030年までに、エイズ、結核、マラリアおよび顧みられない熱帯病といった伝染病を根絶するとともに肝炎、水系感染症およびその他の感染症に対処する。	3.3.1　非感染者1,000人当たりの新規HIV感染者数（性別、年齢および主要層別）
	3.3.2　100,000人当たりの結核感染者数
	3.3.3　1,000人当たりのマラリア感染者数
	3.3.4　10万人当たりのB型肝炎感染者数
	3.3.5　「顧みられない熱帯病」（NTDs）に対して介入を必要としている人々の数
3.4　2030年までに、非感染性疾患による若年死亡率を、予防や治療を通じて3分の1減少させ、精神保健および福祉を促進する。	3.4.1　心血管疾患、癌、糖尿病、または慢性の呼吸器系疾患の死亡率
	3.4.2　自殺率
3.5　薬物乱用やアルコールの有害な摂取を含む、物質乱用の防止・治療を強化する。	3.5.1　薬物使用による障害のための治療介入（薬理学的、心理社会的、リハビリおよびアフターケア・サービス）の適用範囲
	3.5.2　1年間（暦年）の純アルコール量における、（15歳以上の）1人当たりのアルコール消費量に対しての各国の状況に応じ定義されたアルコールの有害な使用（ℓ）
3.6　2020年までに、世界の道路交通事故による死傷者を半減させる。	3.6.1　道路交通事故による死亡率
3.7　2030年までに、家族計画、情報・教育および性と生殖に関する健康の国家戦略・計画への組み入れを含む、性と生殖に関する保健サービスをすべての人々が利用できるようにする。	3.7.1　近代的手法に立脚した家族計画のためのニーズを有する出産可能年齢（15〜49歳）にある女性の割合
	3.7.2　女性1000人当たりの青年期（10〜14歳；15〜19歳）の出生率

ターゲット	指標
3.8　すべての人々に対する財政リスクからの保護、質の高い基礎的な保健サービスへのアクセスおよび安全で効果的かつ質が高く安価な必須医薬品とワクチンへのアクセスを含む、ユニバーサル・ヘルス・カバレッジ(UHC)を達成する。	3.8.1　必要不可欠の公共医療サービスの適応範囲(一般および最も不利な立場の人々についての、生殖、妊婦、新生児および子どもの健康、伝染病、非伝染病、サービス能力とアクセスを含むトレーサー介入を基とする必要不可欠なサービスの平均的適応範囲と定義されたもの)
	3.8.2　家計収支に占める健康関連支出が大きい人口の割合
3.9　2030年までに、有害化学物質、並びに大気、水質および土壌の汚染による死亡および疾病の件数を大幅に減少させる。	3.9.1　家庭内および外部の大気汚染による死亡率
	3.9.2　不衛生な水、不衛生な施設および衛生知識不足(すべての人のための安全な上下水道と衛生(WASH)サービスが得られない環境に晒されている)による死亡率
	3.9.3　意図的ではない汚染による死亡率
3.a　すべての国々において、たばこの規制に関する世界保健機関枠組条約の実施を適宜強化する。	3.a.1　15歳以上の現在の喫煙率(年齢調整されたもの)
3.b　主に開発途上国に影響を及ぼす感染性および非感染性疾患のワクチンおよび医薬品の研究開発を支援する。また、知的所有権の貿易関連の側面に関する協定(TRIPS協定)および公衆の健康に関するドーハ宣言に従い、安価な必須医薬品およびワクチンへのアクセスを提供する。同宣言は公衆衛生保護および、特にすべての人々への医薬品のアクセス提供にかかわる「知的所有権の貿易関連の側面に関する協定(TRIPS協定)」の柔軟性に関する規定を最大限に行使する開発途上国の権利を確約したものである。	3.b.1　各国ごとの国家計画に含まれるすべての薬によってカバーされているターゲット人口の割合
	3.b.2　薬学研究や基礎的保健部門への純ODAの合計値
	3.b.3　必須である薬が、入手可能かつ持続可能な基準で余裕がある健康施設の割合
3.c　開発途上国、特に後発開発途上国および小島嶼開発途上国において保健財政および保健人材の採用、能力開発・訓練および定着を大幅に拡大させる。	3.c.1　医療従事者の密度と分布
3.d　すべての国々、特に開発途上国の国家・世界規模な健康危険因子の早期警告、危険因子緩和および危険因子管理のための能力を強化する。	3.d. 1　国際保健規則 (IHR) キャパシティと衛生緊急対策

資料 1

SDGs目標別ターゲット・指標一覧

目標4：質の高い教育をみんなに（Quality education）
すべての人に包摂的かつ公正な質の高い教育を確保し、生涯学習の機会を促進する

ターゲット	指標
4.1　2030年までに、すべての子どもが男女の区別なく、適切かつ効果的な学習成果をもたらす、無償かつ公正で質の高い初等教育および中等教育を修了できるようにする。	4.1.1　(i)読解力、(ii)算数について、最低限の習熟度に達している次の子どもや若者の割合（性別ごと）(a)2～3学年時、(b)小学校修了時、(c)中学校修了時
4.2　2030年までに、すべての子どもが男女の区別なく、質の高い乳幼児の発達・ケアおよび就学前教育にアクセスすることにより、初等教育を受ける準備が整うようにする。	4.2.1　健康、学習および心理社会的な幸福について、順調に発育している5歳未満の子どもの割合（性別ごと）
	4.2.2　（小学校に入学する年齢より1年前の時点で）体系的な学習に 参加している者の割合（性別ごと）
4.3　2030年までに、すべての人々が男女の区別なく、手の届く質の高い技術教育・職業教育および大学を含む高等教育への平等なアクセスを得られるようにする。	4.3.1　過去12か月にフォーマルおよびノンフォーマルな教育や訓練に参加している若者または成人の割合（性別ごと）
4.4　2030年までに、技術的・職業的スキルなど、雇用、働きがいのある人間らしい仕事および起業に必要な技能を備えた若者と成人の割合を大幅に増加させる。	4.4.1　ICTスキルを有する若者や成人の割合（スキルのタイプ別）
4.5　2030年までに、教育におけるジェンダー格差をなくし、障害者、先住民および脆弱な立場にある子どもなど、脆弱層があらゆるレベルの教育や職業訓練に平等にアクセスできるようにする。	4.5.1　詳細集計可能な、本リストに記載されたすべての教育指数のための、パリティ指数（女性／男性、地方／都市、富の五分位数の底／トップ、その他障害状況、先住民、利用可能になるデータとして議論されたものなど）
4.6　2030年までに、すべての若者および大多数（男女ともに）の成人が、読み書き能力および基本的計算能力を身に付けられるようにする。	4.6.1　実用的な(a)読み書き能力、(b)基本的計算能力において、少なくとも決まったレベルを達成した所定の年齢層の人口の割合（性別 ごと）

ターゲット	指標
4.7　2030年までに、持続可能な開発のための教育および持続可能なライフスタイル、人権、男女の平等、平和および非暴力的文化の推進、グローバル・シチズンシップ、文化多様性と文化の持続可能な開発への貢献の理解の教育を通して、すべての学習者が、持続可能な開発を促進するために必要な知識および技能を習得できるようにする。	4.7.1　ジェンダー平等および人権を含む、(i)地球市民教育、および(ii)持続可能な開発のための教育が、(a)各国の教育政策、(b) カリキュラ ム、(c) 教師の教育、および(d)児童・生徒・学生の達成度評価に関して、すべての教育段階において主流化されているレベル
4.a　子ども、障害およびジェンダーに配慮した教育施設を構築・改良し、すべての人々に安全で非暴力的、包摂的、効果的な学習環境を提供できるようにする。	4.a.1　以下の設備等が利用可能な学校の割合(a)電気、(b)教育を目的としたインターネット、(c)教育を目的としたコン ピュータ、(d)障害を持っている学生のための適切な施設や道具、(e) 基本的な飲料水、(f)男女別の基本的なトイレ、(g)基本的な手洗い場 (WASH指標の定義別)
4.b　2020年までに、開発途上国、特に後発開発途上国および小島嶼開発途上国、並びにアフリカ諸国を対象とした、職業訓練、情報通信 技術(ICT)、技術・工学・科学プログラムなど、先進国およびその他の開発途上国における高等教育の奨学金の件数を全世界で大幅に増加 させる。	4.b.1　奨学金のためのODAフローの量(部門と研究タイプ別)
4.c　2030年までに、開発途上国、特に後発開発途上国および小島嶼開発途上国における教員研修のための国際協力などを通じて、質の高い教員の数を大幅に増加させる。	4.c.1　各国における適切なレベルでの教育を行うために、最低限制度化された養成研修あるいは現職研修(例:教授法研修)を受けた(a)就学前教育、(b)初等教育、(c)前期中等教育、(d)後期中等教育 に従事する教員の割合

資料 1

SDGs目標別ターゲット・指標一覧

目標5：ジェンダー平等を実現しよう
(Gender equality)
ジェンダー平等を達成し、すべての女性および女児の能力強化を行う

ターゲット	指標
5.1　あらゆる場所におけるすべての女性および女児に対するあらゆる形態の差別を撤廃する。	5.1.1　性別に基づく平等と差別撤廃を促進、実施およびモニターするための法律の枠組みが制定されているかどうか
5.2　人身売買や性的、その他の種類の搾取など、すべての女性および女児に対する、公共・私的空間におけるあらゆる形態の暴力を排除する。	5.2.1　これまでにパートナーを得た15歳以上の女性や少女のうち、過去12か月以内に、現在、または以前の親密なパートナーから身体的、性的、精神的暴力を受けた者の割合(暴力の形態、年齢別)
	5.2.2　過去12カ月以内に、親密なパートナー以外の人から性的暴力を受けた15歳以上の女性や少女の割合(年齢、発生場所別)
5.3　未成年者の結婚、早期結婚、強制結婚および女性器切除など、あらゆる有害な慣行を撤廃する。	5.3.1　15歳未満、18歳未満で結婚またはパートナーを得た20～24歳の女性の割合
	5.3.2　女性性器切除を受けた15-49歳の少女や女性の割合(年齢別)
5.4　公共のサービス、インフラおよび社会保障政策の提供、並びに各国の状況に応じた世帯・家族内における責任分担を通じて、無報酬の育児・介護や家事労働を認識・評価する。	5.4.1　無償の家事・ケア労働に費やす時間の割合(性別、年齢、場所別)
5.5　政治、経済、公共分野でのあらゆるレベルの意思決定において、完全かつ効果的な女性の参画および平等なリーダーシップの機会を確保する。	5.5.1　国会および地方議会において女性が占める議席の割合
	5.5.2　管理職に占める女性の割合

ターゲット	指標
5.6　国際人口・開発会議（ICPD）の行動計画および北京行動綱領、並びにこれらの検証会議の成果文書に従い、性と生殖に関する健康および権利への普遍的アクセスを確保する。	5.6.1　性的関係、避妊、リプロダクティブ・ヘルスケアについて、自分で意思決定を行うことのできる15歳〜49歳の女性の割合
	5.6.2　15歳以上の女性および男性に対し、セクシュアル／リプロダクティブ・ヘルスケア、情報、教育を保障する法律や規定を有する国の数
5.a　女性に対し、経済的資源に対する同等の権利、並びに各国法に従い、オーナーシップおよび土地その他の財産、金融サービス、相続財産、天然資源に対するアクセスを与えるための改革に着手する。	5.a.1　(a)農地への所有権または保障された権利を有する総農業人口の割合（性別ごと）(b)農地所有者または権利者における女性の割合（所有条件別）
	5.a.2　土地所有および／または管理に関する女性の平等な権利を保障している法的枠組（慣習法を含む）を有する国の割合
5.b　女性の能力強化促進のため、ICTをはじめとする実現技術の活用を強化する。	5.b.1　携帯電話を所有する個人の割合（性別ごと）
5.c　ジェンダー平等の促進、並びにすべての女性および女子のあらゆるレベルでの能力強化のための適正な政策および拘束力のある法規を導入・強化する。	5.c.1　ジェンダー平等および女性のエンパワーメントのための公的資金を監視、配分するシステムを有する国の割合

資料

1 SDGs目標別ターゲット・指標一覧

目標6：安全な水とトイレを世界中に
(Clean water and sanitation)
すべての人々の水と衛生の利用可能性と持続可能な管理を確保する

ターゲット	指標
6.1　2030年までに、すべての人々の、安全で安価な飲料水の普遍的かつ衡平なアクセスを達成する。	6.1.1　安全に管理された飲料水サービスを利用する人口の割合
6.2　2030年までに、すべての人々の、適切かつ平等な下水施設・衛生施設へのアクセスを達成し、野外での排泄をなくす。女性および女児、並びに脆弱な立場にある人々のニーズに特に注意を払う。	6.2.1　石けんや水のある手洗い場等の安全に管理された公衆衛生サービスを利用する人口の割合
6.3　2030年までに、汚染の減少、投棄の廃絶と有害な化学物・物質の放出の最小化、未処理の排水の割合半減および再生利用と安全な再利用の世界的規模で大幅に増加させることにより、水質を改善する。	6.3.1　安全に処理された廃水の割合
	6.3.2　良好な水質を持つ水域の割合
6.4　2030年までに、全セクターにおいて水利用の効率を大幅に改善し、淡水の持続可能な採取および供給を確保し水不足に対処するとともに、水不足に悩む人々の数を大幅に減少させる。	6.4.1　水の利用効率の経時変化
	6.4.2　水ストレスレベル：淡水資源量に占める淡水採取量の割合
6.5　2030年までに、国境を越えた適切な協力を含む、あらゆるレベルでの統合水資源管理を実施する。	6.5.1　統合水資源管理(IWRM)実施の度合い(0-100)
	6.5.2　水資源協力のための運営協定がある越境流域の割合
6.6　2020年までに、山地、森林、湿地、河川、帯水層、湖沼を含む水に関連する生態系の保護・回復を行う。	6.6.1　水関連生態系範囲の経時変化
6.a　2030年までに、集水、海水淡水化、水の効率的利用、排水処理、リサイクル・再利用技術を含む開発途上国における水と衛生分野での活動と計画を対象とした国際協力と能力構築支援を拡大する。	6.a.1　政府調整支出計画の一部である上下水道関連のODAの総量
6.b　水と衛生に関わる分野の管理向上における地域コミュニティの参加を支援・強化する。	6.b.1　上下水道管理への地方コミュニティの参加のために制定し、運営されている政策および手続のある地方公共団体の割合

目標7：エネルギーをみんなにそしてクリーンに
（Affordable and clean energy）
すべての人々の、安価かつ信頼できる持続可能な近代エネルギーへのアクセスを確保する

ターゲット	指標
7.1　2030年までに、安価かつ信頼できる現代的エネルギーサービスへの普遍的アクセスを確保する。	7.1.1　電気を受電可能な人口比率
	7.1.2　クリーンな燃料や技術に依存している人口比率
7.2　2030年までに、世界のエネルギーミックスにおける再生可能エネルギーの割合を大幅に拡大させる。	7.2.1　最終エネルギー消費量に占める再生可能エネルギー比率
7.3　2030年までに、世界全体のエネルギー効率の改善率を倍増させる。	7.3.1　一次エネルギーおよびGDP単位当たりのエネルギー強度
7.a　2030年までに、再生可能エネルギー、エネルギー効率および先進的かつ環境負荷の低い化石燃料技術などのクリーンエネルギーの研究および技術へのアクセスを促進するための国際協力を強化し、エネルギー関連インフラとクリーンエネルギー技術への投資を促進する。	7.a.1　クリーンなエネルギー研究および開発と、ハイブリッドシステムに含まれる再生可能エネルギー生成への支援に関する発展途上国に対する国際金融フロー
7.b　2030年までに、各々の支援プログラムに沿って開発途上国、特に後発開発途上国および小島嶼開発途上国、内陸開発途上国のすべての人々に現代的で持続可能なエネルギーサービスを供給できるよう、インフラ拡大と技術向上を行う。	7.b.1　持続可能なサービスへのインフラや技術のための財源移行におけるGDPに占めるエネルギー効率への投資（%）および海外直接投資 の総量

資料 1

SDGs目標別ターゲット・指標一覧

目標8：働きがいも経済成長も
(Decent work and economic growth)
包摂的かつ持続可能な経済成長およびすべての人々の完全かつ生産的な雇用と働きがいのある人間らしい雇用(ディーセント・ワーク)を促進する

ターゲット	指標
8.1　各国の状況に応じて、一人当たり経済成長率を持続させる。特に後発開発途上国は少なくとも年率7%の成長率を保つ。	8.1.1　一人当たりの実質GDPの年間成長率 Annual growth rate of real GDP per capita
8.2　高付加価値セクターや労働集約型セクターに重点を置くことなどにより、多様化、技術向上およびイノベーションを通じた高いレベルの経済生産性を達成する。	8.2.1　労働者一人当たりの実質GDPの年間成長率
8.3　生産活動や適切な雇用創出、起業、創造性およびイノベーションを支援する開発重視型の政策を促進するとともに、金融サービスへのアクセス改善などを通じて中小零細企業の設立や成長を奨励する。	8.3.1　農業以外におけるインフォーマル雇用の割合(性別ごと)
8.4　2030年までに、世界の消費と生産における資源効率を漸進的に改善させ、先進国主導の下、持続可能な消費と生産に関する10年計画枠組みに従い、経済成長と環境悪化の分断を図る。	8.4.1　マテリアルフットプリント(MF)および一人当たり、GDP当たりのMF
	8.4.2　国内総物質消費量(DMC)および1人当たり、GDP当たりのDMC
8.5　2030年までに、若者や障害者を含むすべての男性および女性の、完全かつ生産的な雇用および働きがいのある人間らしい仕事、並びに同一労働同一賃金を達成する。	8.5.1　女性および男性労働者の平均時給(職業、年齢、障害者別)
	8.5.2　失業率(性別、年齢、障害者別)
8.6　2020年までに、就労、就学および職業訓練のいずれも行っていない若者の割合を大幅に減らす。	8.6.1　就労、就学および職業訓練のいずれも行っていない15～24歳の若者の割合
8.7　強制労働を根絶し、現代の奴隷制、人身売買を終らせるための緊急かつ効果的な措置の実施、最悪な形態の児童労働の禁止および撲滅を確保する。2025年までに児童兵士の募集と使用を含むあらゆる形態の児童労働を撲滅する。	8.7.1　児童労働者(5～17歳)の割合と数(性別、年齢別)

ターゲット	指標
8.8　移住労働者、特に女性の移住労働者や不安定な雇用状態にある労働者など、すべての労働者の権利を保護し、安全・安心な労働環境を促進する。	8.8.1　致命的および非致命的な労働災害の発生率(性別、移住状況別)
	8.8.2　国際労働機関(ILO)原文ソースおよび国内の法律に基づく、労働権利(結社および団体交渉の自由)における国内コンプライアンスのレベル(性別、移住状況別)
8.9　2030年までに、雇用創出、地方の文化振興・産品販促につながる持続可能な観光業を促進するための政策を立案し実施する。	8.9.1　全GDPおよびGDP成長率に占める割合としての観光業の直接GDP
	8.9.2　全観光業における従業員数に占める持続可能な観光業の従業員数の割合
8.10　国内の金融機関の能力を強化し、すべての人々の銀行取引、保険および金融サービスへのアクセスを促進・拡大する。	8.10.1　成人10万人当たりの市中銀行の支店およびATM数
	8.10.2　銀行や他の金融機関に口座を持つ、またはモバイルマネーサービスを利用する(15歳以上の)成人の割合
8.a　後発開発途上国への貿易関連技術支援のための拡大統合フレームワーク(EIF)などを通じた支援を含む、開発途上国、特に後発開発途上国に対する貿易のための援助を拡大する。	8.a.1　貿易のための援助に対するコミットメントや支出
8.b　2020年までに、若年雇用のための世界的戦略および国際労働機関(ILO)の仕事に関する世界協定の実施を展開・運用化する。	8.b.1　国家雇用戦略とは別途あるいはその一部として開発され運用されている若年雇用のための国家戦略の有無

資料 1　SDGs目標別ターゲット・指標一覧

目標9：産業と技術革新の基盤をつくろう
(Industry, innovation and infrastructure)
強靭(レジリエント)なインフラ構築、包摂的かつ持続可能な産業化の促進およびイノベーションの推進を図る

ターゲット	指標
9.1　すべての人々に安価で公平なアクセスに重点を置いた経済発展と人間の福祉を支援するために、地域・越境インフラを含む質の高い、信頼でき、持続可能かつ強靭(レジリエント)なインフラを開発する。	9.1.1　全季節利用可能な道路の2km圏内に住んでいる地方の人口の割合
	9.1.2　旅客と貨物量(交通手段別)
9.2　包摂的かつ持続可能な産業化を促進し、2030年までに各国の状況に応じて雇用およびGDPに占める産業セクターの割合を大幅に増加させる。後発開発途上国については同割合を倍増させる。	9.2.1　一人当たり並びにGDPに占める製造業の付加価値の割合
	9.2.2　全労働者数に占める製造業労働者数の割合
9.3　特に開発途上国における小規模の製造業その他の企業の、安価な資金貸付などの金融サービスやバリューチェーンおよび市場への統合へのアクセスを拡大する。	9.3.1　製造業の合計付加価値のうち小規模製造業の占める割合
	9.3.2　ローンまたは与信限度額が設定された小規模製造業の割合
9.4　2030年までに、資源利用効率の向上とクリーン技術および環境に配慮した技術・産業プロセスの導入拡大を通じたインフラ改良や産業改善により、持続可能性を向上させる。すべての国々は各国の能力に応じた取組を行う。	9.4.1　付加価値の単位当たりのCO2排出量
9.5　2030年までにイノベーションを促進させることや100万人当たりの研究開発従事者数を大幅に増加させ、また官民研究開発の支出を拡大させるなど、開発途上国をはじめとするすべての国々の産業セクターにおける科学研究を促進し、技術能力を向上させる。	9.5.1　GDPに占める研究開発への支出
	9.5.2　100万人当たりの研究者(フルタイム相当)

ターゲット	指標
9.a　アフリカ諸国、後発開発途上国、内陸開発途上国および小島嶼開発途上国への金融・テクノロジー・技術の支援強化を通じて、開発途上国における持続可能かつ強靱(レジリエント)なインフラ開発を促進する。	9.a.1　インフラへの公的国際支援の総額(ODAその他公的フロー)
9.b　産業の多様化や商品への付加価値創造などに資する政策環境の確保などを通じて、開発途上国の国内における技術開発、研究およびイノベーションを支援する。	9.b.1　全付加価値における中位並びに先端テクノロジー産業の付加価値の割合
9.c　後発開発途上国において情報通信技術へのアクセスを大幅に向上させ、2020年までに普遍的かつ安価なインターネットアクセスを提供できるよう図る。	9.c.1　モバイルネットワークにアクセス可能な人口の割合(技術別)

資料 1 SDGs目標別ターゲット・指標一覧

目標10：人や国の不平等をなくそう
(Reduced inequalities)
各国内および各国間の不平等を是正する

ターゲット	指標
10.1　2030年までに、各国の所得下位40%の所得成長率について、国内平均を上回る数値を漸進的に達成し、持続させる。	10.1.1　1人当たりの家計支出または所得の成長率（人口の下位40%のもの、総人口のもの）
10.2　2030年までに、年齢、性別、障害、人種、民族、出自、宗教、あるいは経済的地位その他の状況に関わりなく、すべての人々の能力強化および社会的、経済的および政治的な包含を促進する。	10.2.1　中位所得の半分未満で生活する人口の割合（年齢、性別、障害者別）
10.3　差別的な法律、政策および慣行の撤廃、並びに適切な関連法規、政策、行動の促進などを通じて、機会均等を確保し、成果の不平等を是正する。	10.3.1　過去12か月に個人的に国際人権法の下に禁止されている差別または嫌がらせを感じたと報告した人口の割合
10.4　税制、賃金、社会保障政策をはじめとする政策を導入し、平等の拡大を漸進的に達成する。	10.4.1　GDPの労働分配率（賃金と社会保障給付）
10.5　世界金融市場と金融機関に対する規制とモニタリングを改善し、こうした規制の実施を強化する。	10.5.1　金融健全性指標
10.6　地球規模の国際経済・金融制度の意思決定における開発途上国の参加や発言力を拡大させることにより、より効果的で信用力があり、説明責任のある正当な制度を実現する。	10.6.1　国際機関における開発途上国のメンバー数および投票権の割合
10.7　計画に基づき良く管理された移民政策の実施などを通じて、秩序のとれた、安全で規則的かつ責任ある移住や流動性を促進する。	10.7.1　移住先の国における年収に対する労働者の採用において発生した費用の割合
	10.7.2　十分に管理された移民政策を実施している国の数

ターゲット	指標
10.a　世界貿易機関(WTO)協定に従い、開発途上国、特に後発開発途上国に対する特別かつ異なる待遇の原則を実施する。	10.a.1　ゼロ関税の後発開発途上国および開発途上国からの輸入に対し課した関税ラインの割合
10.b　各国の国家計画やプログラムに従って、後発開発途上国、アフリカ諸国、小島嶼開発途上国および内陸開発途上国を始めとする、ニーズが最も大きい国々への、政府開発援助(ODA)および海外直接投資を含む資金の流入を促進する。	10.b.1　開発のためのリソースフローの総額(受援国および援助国、フローの流れ(例:ODA、外国直接投資、その他)別)
10.c　2030年までに、移住労働者による送金コストを3%未満に引き下げ、コストが5%を越える送金経路を撤廃する。	10.c.1　総送金額の割合に占める送金コスト

資料 1 SDGs目標別ターゲット・指標一覧

目標11:住み続けられるまちづくりを
(Sustainable cities and communities)
包摂的で安全かつ強靭(レジリエント)で持続可能な都市および人間居住を実現する

ターゲット	指標
11.1 2030年までに、すべての人々の、適切、安全かつ安価な住宅および基本的サービスへのアクセスを確保し、スラムを改善する。	11.1.1 スラム、非正規の居住や不適切な住宅に居住する都市人口の割合
11.2 2030年までに、脆弱な立場にある人々、女性、子ども、障害者および高齢者のニーズに特に配慮し、公共交通機関の拡大などを通じた交通の安全性改善により、すべての人々に、安全かつ安価で容易に利用できる、持続可能な輸送システムへのアクセスを提供する。	11.2.1 公共交通機関へ容易にアクセスできる人口の割合(性別、年齢、障害者別)
11.3 2030年までに、包摂的かつ持続可能な都市化を促進し、すべての国々の参加型、包摂的かつ持続可能な人間居住計画・管理の能力を強化する。	11.3.1 人口増加率と土地利用率の比率
	11.3.2 定期的かつ民主的に行われている都市計画および管理において、市民社会構造に直接参加できる都市の割合
11.4 世界の文化遺産および自然遺産の保護・保全の努力を強化する。	11.4.1 すべての文化および自然遺産の保全、保護および保存における総支出額(公的部門、民間部門)(遺産のタイプ別(文化、自然、混合、世界遺産に登録されているもの)、政府レベル別(国、地域、地方、市)、支出タイプ別(営業費、投資)、民間資金のタイプ別(寄付、非営利部門、後援))
11.5 2030年までに、貧困層および脆弱な立場にある人々の保護に焦点をあてながら、水関連災害などの災害による死者や被災者数を大幅に削減し、世界の国内総生産比で直接的経済損失を大幅に減らす。	11.5.1 10万人当たりの災害による死者数、行方不明者数、直接的負傷者数
	11.5.2 災害によって起こった、グローバルなGDPに関連した直接的な経済損失、甚大なインフラ被害および基本サービスの中断の件数

ターゲット	指標
11.6 2030年までに、大気の質および一般並びにその他の廃棄物の管理に特別な注意を払うことによるものを含め、都市の一人当たりの環境上の悪影響を軽減する。	11.6.1 都市で生成される廃棄物について、都市部で定期的に回収し適切に最終処理されている固形廃棄物の割合
	11.6.2 都市部における微粒子物質(例:PM2.5やPM10)の年平均レベル(人口で加重平均したもの)
11.7 2030年までに、女性、子ども、高齢者および障害者を含め、人々に安全で包摂的かつ利用が容易な緑地や公共スペースへの普遍的アクセスを提供する。	11.7.1 各都市部の建物密集区域における公共スペースの割合の平均(性別、年齢、障害者別)
	11.7.2 過去12か月における身体的または性的ハラスメントの犠牲者の割合(性別、年齢、障害状況、発生場所別)
11.a 各国・地域規模の開発計画の強化を通じて、経済、社会、環境面における都市部、都市周辺部および農村部間の良好なつながりを支援する。	11.a.1 人口予測とリソース需要について取りまとめながら都市および地域開発計画を実行している都市に住んでいる人口の割合(都市の規模別)
11.b 2020年までに、包含、資源効率、気候変動の緩和と適応、災害に対する強靭さ(レジリエンス)を目指す総合的政策および計画を導入・実施した都市および人間居住地の件数を大幅に増加させ、仙台防災枠組2015-2030に沿って、あらゆるレベルでの総合的な災害リスク管理の策定と実施を行う。	11.b.1 仙台防災枠組み2015-2030に沿った国家レベルの防災戦略を採択し実行している国の数
	11.b.2 仙台防災枠組み2015-2030に沿った地方レベルの防災戦略を採択し実行している地方政府の割合
11.c 財政的および技術的な支援などを通じて、後発開発途上国における現地の資材を用いた、持続可能かつ強靭(レジリエント)な建造物の整備を支援する。	11.c.1 現地の資材を用いた、持続可能で強靭(レジリエント)で資源が効率的である建造物の建設および改築に割り当てられた後発開発途上国への財政援助の割合

資料 1　SDGs目標別ターゲット・指標一覧

目標12:つくる責任つかう責任
(Responsible consumption and production)
持続可能な生産消費形態を確保する

ターゲット	指標
12.1　開発途上国の開発状況や能力を勘案しつつ、持続可能な消費と生産に関する10年計画枠組み(10YFP)を実施し、先進国主導の下、すべての国々が対策を講じる。	12.1.1　持続可能な消費と生産(SCP)に関する国家行動計画を持っている、または国家政策に優先事項もしくはターゲットとしてSCPが組み 込まれている国の数
12.2　2030年までに天然資源の持続可能な管理および効率的な利用を達成する。	12.2.1　マテリアルフットプリント(MF)および一人当たり、GDP当たりのMF
	12.2.2　国内総物質消費量(DMC)および1人当たり、GDP当たりの DMC
12.3　2030年までに小売･消費レベルにおける世界全体の一人当たりの食料の廃棄を半減させ、収穫後損失などの生産･サプライチェーンにおける食品ロスを減少させる。	12.3.1　グローバル食品ロス指数(GFLI)
12.4　2020年までに、合意された国際的な枠組みに従い、製品ライフサイクルを通じ、環境上適正な化学物質やすべての廃棄物の管理を実現し、人の健康や環境への悪影響を最小化するため、化学物質や廃棄物の大気、水、土壌への放出を大幅に削減する。	12.4.1　有害廃棄物や他の化学物質に関する国際多国間環境協定で求められる情報の提供(報告)の義務を果たしている締約国の数
	12.4.2　有害廃棄物の1人当たり発生量、処理された有害廃棄物の割合(処理手法ごと)
12.5　2030年までに、廃棄物の発生防止、削減、再生利用および再利用により、廃棄物の発生を大幅に削減する。	12.5.1　各国の再生利用率、リサイクルされた物質のトン数
12.6　特に大企業や多国籍企業などの企業に対し、持続可能な取り組みを導入し、持続可能性に関する情報を定期報告に盛り込むよう奨励する。	12.6.1　持続可能性に関する報告書を発行する企業の数
12.7　国内の政策や優先事項に従って持続可能な公共調達の慣行を促進する。	12.7.1　持続可能な公的調達政策および行動計画を実施している国の数

ターゲット	指標
12.8　2030年までに、人々があらゆる場所において、持続可能な開発および自然と調和したライフスタイルに関する情報と意識を持つようにする。	12.8.1　気候変動教育を含む、(i)地球市民教育、および(ii)持続可能な開発のための教育が、(a)各国の教育政策、(b) カリキュラム、(c) 教師の教育、および(d)児童・生徒・学生の達成度評価に関して、すべての教育段階において主流化されているレベル
12.a　開発途上国に対し、より持続可能な消費・生産形態の促進のための科学的・技術的能力の強化を支援する。	12.a.1　持続可能な消費、生産形態および環境に配慮した技術のための研究開発に係る開発途上国への支援総計
12.b　雇用創出、地方の文化振興・産品販促につながる持続可能な観光業に対して持続可能な開発がもたらす影響を測定する手法を開発・導入する。	12.b.1　承認された評価監視ツールのある持続可能な観光戦略や政策、実施された行動計画の数
12.c　開発途上国の特別なニーズや状況を十分考慮し、貧困層やコミュニティを保護する形で開発に関する悪影響を最小限に留めつつ、税制改正や、有害な補助金が存在する場合はその環境への影響を考慮してその段階的廃止などを通じ、各国の状況に応じて、市場のひずみを除去することで、浪費的な消費を奨励する、化石燃料に対する非効率な補助金を合理化する。	12.c.1　GDP(生産および消費)の単位当たりおよび化石燃料の国家支出総額に占める化石燃料補助金

資料 1

SDGs目標別ターゲット・指標一覧

目標13:気候変動に具体的な対策を(Climate action)
気候変動およびその影響を軽減するための緊急対策を講じる

ターゲット	指標
13.1　すべての国々において、気候関連災害や自然災害に対する強靱性(レジリエンス)および適応の能力を強化する。	13.1.1　10万人当たりの災害による死者数、行方不明者数、直接的負傷者数
	13.1.2　仙台防災枠組み2015-2030に沿った国家レベルの防災戦略を採択し実行している国の数
	13.1.3　仙台防災枠組み2015-2030に沿った地方レベルの防災戦略を採択し実行している地方政府の割合
13.2　気候変動対策を国別の政策、戦略および計画に盛り込む。	13.2.1　気候変動の悪影響に適応し、食料生産を脅かさない方法で、気候強靱性や温室効果ガスの低排出型の発展を促進するための能力を増加させる統合的な政策/戦略/計画(国の適応計画、国が決定する貢献、国別報告書、隔年更新報告書その他を含む)の確立または運用を報告している国の数
13.3　気候変動の緩和、適応、影響軽減および早期警戒に関する教育、啓発、人的能力および制度機能を改善する。	13.3.1　緩和、適応、影響軽減および早期警戒を、初等、中等および高等教育のカリキュラムに組み込んでいる国の数
	13.3.2　適応、緩和および技術移転を実施するための制度上、システム上、および個々人における能力構築の強化や開発行動を報告している国の数
13.a　重要な緩和行動の実施とその実施における透明性確保に関する開発途上国のニーズに対応するため、2020年までにあらゆる供給源から年間1,000億ドルを共同で動員するという、UNFCCCの先進締約国によるコミットメントを実施するとともに、可能な限り速やかに資本を投入して緑の気候基金を本格始動させる。	13.a.1　2020-2025年の間に1000億USドルコミットメントを実現するために必要となる1年当たりに投資される総USドル

ターゲット	指標
13.b　後発開発途上国および小島嶼開発途上国において、女性や青年、地方および社会的に疎外されたコミュニティに焦点を当てることを含め、気候変動関連の効果的な計画策定と管理のための能力を向上するメカニズムを推進する。	13.b.1　女性や青年、地方および社会的に疎外されたコミュニティに焦点を当てることを含め、気候変動関連の効果的な計画策定と管理のための能力を向上させるメカニズムのために、専門的なサポートを受けている後発開発途上国や小島嶼開発途上国の数および財政、技術、能力構築を含む支援総額

資料1　SDGs目標別ターゲット・指標一覧

目標14：海の豊かさを守ろう（Life below water）
持続可能な開発のために海洋・海洋資源を保護し、持続可能な形で利用する

ターゲット	指標
14.1　2025年までに、海洋ごみや富栄養化を含む、特に陸上活動による汚染など、あらゆる種類の海洋汚染を防止し、大幅に削減する。	14.1.1　沿岸富栄養化指数（ICEP）および浮遊プラスチックごみの密度
14.2　2020年までに、海洋および沿岸の生態系に関する重大な悪影響を回避するため、強靭性（レジリエンス）の強化などによる持続的な管理と保護を行い、健全で生産的な海洋を実現するため、海洋および沿岸の生態系の回復のための取組を行う。	14.2.1　生態系ベースにアプローチを用いた管理が行われている国内の排他的経済水域の割合
14.3　あらゆるレベルでの科学的協力の促進などを通じて、海洋酸性化の影響を最小限化し、対処する。	14.3.1　承認された代表標本抽出地点で測定された海洋酸性度（pH）の平均値
14.4　水産資源を、実現可能な最短期間で少なくとも各資源の生物学的特性によって定められる最大持続生産量のレベルまで回復させるため、2020年までに、漁獲を効果的に規制し、過剰漁業や違法・無報告・無規制（IUU）漁業および破壊的な漁業慣行を終了し、科学的な管理計画を実施する。	14.4.1　生物学的に持続可能なレベルの水産資源の割合
14.5　2020年までに、国内法および国際法に則り、最大限入手可能な科学情報に基づいて、少なくとも沿岸域および海域の10パーセントを保全する。	14.5.1　海域に関する保護領域の範囲
14.6　開発途上国および後発開発途上国に対する適切かつ効果的な、特別かつ異なる待遇が、世界貿易機関（WTO）漁業補助金交渉の不可分の要素であるべきことを認識した上で、2020年までに、過剰 漁獲能力や過剰漁獲につながる漁業補助金を禁止し、違法・無報告・無規制（IUU）漁業につながる補助金を撤廃し、同様の新たな補助金の導入を抑制する。	14.6.1　IUU漁業（Illegal（違法）・Unreported（無報告）・Unregulated（無規制））と対峙することを目的としている国際的な手段を実施する中における各国の進捗状況

ターゲット	指標
14.7　2030年までに、漁業、水産養殖および観光の持続可能な管理などを通じ、小島嶼開発途上国および後発開発途上国の海洋資源の持続的な利用による経済的便益を増大させる。	14.7.1　小島嶼開発途上国、後発開発途上国およびすべての国々のGDPに占める持続可能な漁業の割合
14.a　海洋の健全性の改善と、開発途上国、特に小島嶼開発途上国および後発開発途上国の開発における海洋生物多様性の寄与向上のために、海洋技術の移転に関するユネスコ政府間海洋学委員会の基準・ガイドラインを勘案しつつ、科学的知識の増進、研究能力の向上、および海洋技術の移転を行う。	14.a.1　総研究予算額に占める、海洋技術分野に割り当てられた研究予算の割合
14.b　小規模・沿岸零細漁業者に対し、海洋資源および市場へのアクセスを提供する。	14.b.1　小規模・零細漁業のためのアクセス権を認識し保護する法的／規制／政策／機関の枠組みの適応についての各国の進捗
14.c　「我々の求める未来」のパラ158において想起されるとおり、海洋および海洋資源の保全および持続可能な利用のための法的枠組みを規定する海洋法に関する国際連合条約(UNCLOS)に反映されている国際法を実施することにより、海洋および海洋資源の保全および持続可能な利用を強化する。	14.c.1　海洋および海洋資源の保全と持続可能な利用のために「海洋法に関する国際連合条約(UNCLOS)」に反映されているとおり、国際法を実施する海洋関係の手段を、法政策、機関的枠組みを通して、批准、導入、実施を推進している国の数

資料 1

SDGs目標別ターゲット・指標一覧

目標15：陸の豊かさも守ろう(Life on land)

陸域生態系の保護、回復、持続可能な利用の推進、持続可能な森林の経営、砂漠化への対処、並びに土地の劣化の阻止・回復および生物多様性の損失を阻止する

ターゲット	指標
15.1　2020年までに、国際協定の下での義務に則って、森林、湿地、山地および乾燥地をはじめとする陸域生態系と内陸淡水生態系およびそれらのサービスの保全、回復および持続可能な利用を確保する。	15.1.1　土地全体に対する森林の割合
	15.1.2　陸生および淡水性の生物多様性に重要な場所のうち保護区で網羅されている割合(保護地域、生態系のタイプ別)
15.2　2020年までに、あらゆる種類の森林の持続可能な経営の実施を促進し、森林減少を阻止し、劣化した森林を回復し、世界全体で新規植林および再植林を大幅に増加させる。	15.2.1　持続可能な森林管理における進捗
15.3　2030年までに、砂漠化に対処し、砂漠化、干ばつおよび洪水の影響を受けた土地などの劣化した土地と土壌を回復し、土地劣化に荷担しない世界の達成に尽力する。	15.3.1　土地全体のうち劣化した土地の割合
15.4　2030年までに持続可能な開発に不可欠な便益をもたらす山地生態系の能力を強化するため、生物多様性を含む山地生態系の保全を確実に行う。	15.4.1　山地生物多様性のための重要な場所に占める保全された地域の範囲
	15.4.2　山地グリーンカバー指数
15.5　自然生息地の劣化を抑制し、生物多様性の損失を阻止し、2020年までに絶滅危惧種を保護し、また絶滅防止するための緊急かつ意味のある対策を講じる。	15.5.1　レッドリスト指数
15.6　国際合意に基づき、遺伝資源の利用から生ずる利益の公正かつ衡平な配分を推進するとともに、遺伝資源への適切なアクセスを推進する。	15.6.1　利益の公正かつ衡平な配分を確保するための立法上、行政上および政策上の枠組みを持つ国の数
15.7　保護の対象となっている動植物種の密猟および違法取引を撲滅するための緊急対策を講じるとともに、違法な野生生物製品の需要と供給の両面に対処する。	15.7.1　密猟された野生生物または違法に取引された野生生物の取引の割合

ターゲット	指標
15.8　2020年までに、外来種の侵入を防止するとともに、これらの種による陸域・海洋生態系への影響を大幅に減少させるための対策を導入し、さらに優先種の駆除または根絶を行う。	15.8.1　外来種に関する国内法を採択しており、侵略的外来種の防除や制御に必要な資金等を確保している国の割合
15.9　2020年までに、生態系と生物多様性の価値を、国や地方の計画策定、開発プロセスおよび貧困削減のための戦略および会計に組み込む。	15.9.1　生物多様性戦略計画2011-2020の愛知目標の目標2に従って設定された国内目標に対する進捗
15.a　生物多様性と生態系の保全と持続的な利用のために、あらゆる資金源からの資金の動員および大幅な増額を行う。	15.a.1　生物多様性および生態系の保全と持続的な利用に係るODA並びに公的支出
15.b　保全や再植林を含む持続可能な森林経営を推進するため、あらゆるレベルのあらゆる供給源から、持続可能な森林経営のための資金の調達と開発途上国への十分なインセンティブ付与のための相当量の資源を動員する。	15.b.1　生物多様性および生態系の保全と持続的な利用に係るODA並びに公的支出
15.c　持続的な生計機会を追求するために地域コミュニティの能力向上を図る等、保護種の密猟および違法な取引に対処するための努力に対する世界的な支援を強化する。	15.c.1　密猟された野生生物または違法に取引された野生生物の取引の割合

資料 1

SDGs目標別ターゲット・指標一覧

16 平和と公正をすべての人に

目標16:平和と公正をすべての人に(Peace and justice)
持続可能な開発のための平和で包摂的な社会を促進し、すべての人々に司法へのアクセスを提供し、あらゆるレベルにおいて効果的で説明責任のある包摂的な制度を構築する

ターゲット	指標
16.1　あらゆる場所において、すべての形態の暴力および暴力に関連する死亡率を大幅に減少させる。	16.1.1　10万人当たりの意図的な殺人行為による犠牲者の数(性別、年齢別)
	16.1.2　10万人当たりの紛争関連の死者の数(性別、年齢、原因別)
	16.1.3　過去12か月における身体的、精神的または性的暴力を受けた人口の割合
	16.1.4　自身の居住区地域を一人で歩いても安全と感じる人口の割合
16.2　子どもに対する虐待、搾取、取引およびあらゆる形態の暴力および拷問を撲滅する。	16.2.1 過去 1か月における保護者等からの身体的な暴力および/または心理的な攻撃を受けた1歳~17歳の子どもの割合
	16.2.2　10万人当たりの人身取引の犠牲者の数(性別、年齢、搾取形態別)
	16.2.3　18歳までに性的暴力を受けた18~29歳の若年女性および男性の割合
16.3　国家および国際的なレベルでの法の支配を促進し、すべての人々に司法への平等なアクセスを提供する。	16.3.1　過去12か月間に暴力を受け、所管官庁またはその他の公的に承認された紛争解決機構に対して、被害を届け出た者の割合
	16.3.2　刑務所の総収容者数に占める判決を受けていない勾留者の割合
16.4　2030年までに、違法な資金および武器の取引を大幅に減少させ、奪われた財産の回復および返還を強化し、あらゆる形態の組織犯罪を根絶する。	16.4.1　内外の違法な資金フローの合計額(USドル)
	16.4.2　国際基準および手段に従って、適格な権威によって突き止められた、もしくは確立された違法な起源もしくは文脈によって捕らえられ、発見されもしくは引き渡された武器

ターゲット	指標
16.5　あらゆる形態の汚職や贈賄を大幅に減少させる。	16.5.1　過去12か月間に公務員に賄賂を支払ったまたは公務員より賄賂を要求されたことが少なくとも1回はあった人の割合
	16.5.2　過去12か月間に公務員に賄賂を支払ったまたは公務員より賄賂を要求されたことが少なくとも1回はあった企業の割合
16.6　あらゆるレベルにおいて、有効で説明責任のある透明性の高い公共機関を発展させる。	16.6.1　当初承認された予算に占める第一次政府支出(部門別、(予算別または類似の分類別))
	16.6.2　最近公的サービスを使用し満足した人の割合
16.7　あらゆるレベルにおいて、対応的、包摂的、参加型および代表的な意思決定を確保する。	16.7.1　国全体と比較して、公的機関(国および地方議会、行政事務、司法)におけるポジション(性別、年齢別、障害者別、人口グループ別)の割合
	16.7.2　意思決定が包括的かつ反映されるものであると考えている人の割合(性別、年齢、障害者、人口グループ別)
16.8　グローバル・ガバナンス機関への開発途上国の参加を拡大・強化する。	16.8.1　国際機関における開発途上国のメンバー数および投票権の割合
16.9　2030年までに、すべての人々に出生登録を含む法的な身分証明を提供する。	16.9.1　行政機関に出生登録された5歳以下の子どもの数(年齢別)
16.10　国内法規および国際協定に従い、情報への公共アクセスを確保し、基本的自由を保障する。	16.10.1　過去12か月間に殺人、誘拐、強制された失踪、任意による勾留、ジャーナリスト、メディア関係者、労働組合および人権活動家の拷問について立証された事例の数
	16.10.2　情報への公共アクセスを保障した憲法、法令、政策の実施を採択している国の数
16.a　特に開発途上国において、暴力の防止とテロリズム・犯罪の撲滅に関するあらゆるレベルでの能力構築のため、国際協力などを通じて関連国家機関を強化する。	16.a.1　パリ原則に準拠した独立した国立人権機関の存在の有無
16.b　持続可能な開発のための非差別的な法規および政策を推進し、実施する。	16.b.1　過去12か月に個人的に国際人権法の下に禁止されている差別または嫌がらせを感じたと報告した人口の割合

資料 1

SDGs目標別ターゲット・指標一覧

目標17：パートナーシップで目標を達成しよう
(Partnerships for the goals)
持続可能な開発のための実施手段を強化し、グローバル・パートナーシップを活性化する

ターゲット	指標
資金/Finance	
17.1 課税および徴税能力の向上のため、開発途上国への国際的な支援なども通じて、国内資源の動員を強化する。	17.1.1 GDPに占める政府歳入合計の割合(収入源別)
	17.1.2 国内予算における、自国内の税収が資金源となっている割合
17.2 先進国は、開発途上国に対するODAをGNI比0.7%に、後発開発途上国に対するODAをGNI比0.15～0.20%にするという目標を達成するとの多くの国によるコミットメントを含むODAに係るコミットメントを完全に実施する。ODA供与国が、少なくともGNI比0.20%のODAを後発開発途上国に供与するという目標の設定を検討することを奨励する。	17.2.1 OECD/DACによる寄与のGNIに占める純ODA総額および後発開発途上国を対象にした額
17.3 複数の財源から、開発途上国のための追加的資金源を動員する。	17.3.1 海外直接投資(FDI)、ODAおよび南南協力の国内総予算に占める割合
	17.3.2 GDP総額に占める送金額(USドル)
17.4 必要に応じた負債による資金調達、債務救済および債務再編の促進を目的とした協調的な政策により、開発途上国の長期的な債務の持続可能性の実現を支援し、重債務貧困国(HIPC)の対外債務への対応により債務リスクを軽減する。	17.4.1 財およびサービスの輸出額に占める債務額
17.5 後発開発途上国のための投資促進枠組みを導入および実施する。	17.5.1 後発開発途上国のための投資促進枠組みを導入および実施している国の数

ターゲット	指標
技術／Technology	
17.6　科学技術イノベーション（STI）およびこれらへのアクセスに関する南北協力、南南協力および地域的・国際的な三角協力を向上させる。また、国連レベルをはじめとする既存のメカニズム間の調整改善や、全世界的な技術促進メカニズムなどを通じて、相互に合意した条件において知識共有を進める。	17.6.1　各国間における科学技術協力協定および計画の数（協力形態別） 17.6.2　100人当たりの固定インターネットブロードバンド契約数（回線速度別）
17.7　開発途上国に対し、譲許的・特恵的条件などの相互に合意した有利な条件の下で、環境に配慮した技術の開発、移転、普及および拡散を促進する。	17.7.1　環境に配慮した技術の開発、移転、普及および拡散の促進を目的とした開発途上国のための承認された基金の総額
17.8　2017年までに、後発開発途上国のための技術バンクおよび科学技術イノベーション能力構築メカニズムを完全運用させ、情報通信技術（ICT）をはじめとする実現技術の利用を強化する。	17.8.1　インターネットを使用している個人の割合
能力構築／Capacity-building	
17.9　すべての持続可能な開発目標を実施するための国家計画を支援するべく、南北協力、南南協力および三角協力などを通じて、開発途上国における効果的かつ的をしぼった能力構築の実施に対する国際的な支援を強化する。	17.9.1　開発途上国にコミットした資金および技術援助（南北、南南および三角協力 ）のドル額
貿易／Trade	
17.10　ドーハ・ラウンド（DDA）交渉の受諾を含むWTOの下での普遍的でルールに基づいた、差別的でない、公平な多角的貿易体制を促進する。	17.10.1　世界中で加重された関税額の平均
17.11　開発途上国による輸出を大幅に増加させ、特に2020年までに世界の輸出に占める後発開発途上国のシェアを倍増させる。	17.11.1　世界の輸出額シェアに占める開発途上国と後発開発途上国の割合

ターゲット	指標
17.12　後発開発途上国からの輸入に対する特恵的な原産地規則が透明で簡略的かつ市場アクセスの円滑化に寄与するものとなるようにすることを含む世界貿易機関(WTO)の決定に矛盾しない形で、すべての後発開発途上国に対し、永続的な無税・無枠の市場アクセスを適時実施する。	17.12.1　開発途上国、後発開発途上国および小島嶼開発途上国が直面している関税の平均
体制面/Systemic issues 政策・制度的整合性/Policy and institutional coherence	
17.13　政策協調や政策の首尾一貫性などを通じて、世界的なマクロ 経済の安定を促進する。	17.13.1　マクロ経済ダッシュボード
17.14　持続可能な開発のための政策の一貫性を強化する。	17.14.1　持続可能な開発の政策の一貫性を強化するためのメカニズムがある国の数
17.15　貧困撲滅と持続可能な開発のための政策の確立・実施にあたっては、各国の政策空間およびリーダーシップを尊重する。	17.15.1　開発協力提供者による国有の結果枠組みおよび計画ツールの利用範囲
マルチステークホルダー・パートナーシップ/Multi-stakeholder partnerships	
17.16　すべての国々、特に開発途上国での持続可能な開発目標の達成を支援すべく、知識、専門的知見、技術および資金源を動員、共有するマルチステークホルダー・パートナーシップによって補完しつつ、持続可能な開発のためのグローバル・パートナーシップを強化する。	17.16.1　持続可能な開発目標の達成を支援するマルチステークホルダー開発有効性モニタリング枠組みにおいて進捗を報告する国の数
17.17　さまざまなパートナーシップの経験や資源戦略を基にした、効果的な公的、官民、市民社会のパートナーシップを奨励・推進する。	17.17.1　官民、市民社会のパートナーシップにコミットしたUSドルの総額

ターゲット	指標
データ、モニタリング、説明責任/Data, monitoring and accountability	
17.18　2020年までに、後発開発途上国および小島嶼開発途上国を含む開発途上国に対する能力構築支援を強化し、所得、性別、年齢、人種、民族、居住資格、障害、地理的位置およびその他各国事情に関連する特性別の質が高く、タイムリーかつ信頼性のある非集計型データの入手可能性を向上させる。	17.18.1　公的統計の基本原則に従い、ターゲットに関する場合に、各国レベルで完全に詳細集計されて作成されたSDG指標の割合
	17.18.2　公的統計の基本原則に準じた国家統計法のある国の数
	17.18.3　十分な資金提供とともに実施されている国家統計計画を持つ国の数（資金源別）
17.19　2030年までに、持続可能な開発の進捗状況を測るGDP以外の尺度を開発する既存の取組をさらに前進させ、開発途上国における統計に関する能力構築を支援する。	17.19.1　開発途上国における統計能力の強化のために利用可能となった資源のドル額
	17.19.2　a)少なくとも過去10年に人口・住宅センサスを実施した国の割合 b)出生届が100%登録され、死亡届が80%登録された国の割合

資料 2 MDGs目標とターゲット一覧

目標	ターゲット
1:極度の貧困と飢餓の撲滅	1.A:1990年から2015年までに、1日1ドル未満で生活する人々の割合を半減させる。
	1.B:女性や若者を含め、完全かつ生産的な雇用とすべての人々のディーセント・ワーク(働きがいのある人間らしい仕事)を達成する。
	1.C:1990年から2015年までに、飢餓に苦しむ人々の割合を半減させる。
2:普遍的な初等教育の達成	2.A:2015年までに、すべての子どもたちが、男女の区別なく、初等教育の全課程を修了できるようにする。
3:ジェンダーの平等の推進と女性の地位向上	3.A:できれば2005年までに初等・中等教育において、2015年までにすべての教育レベルで、男女格差を解消する。
4:幼児死亡率の引き下げ	4.A:1990年から2015年までに、5歳未満の幼児の死亡率を3分の2引き下げる。
5:妊産婦の健康状態の改善	5.A:1990年から2015年までに、妊産婦の死亡率を4分の3引き下げる。
	5.B:2015年までに、リプロダクティブ・ヘルス(性と生殖に関する健康)の完全普及を達成する。
6:HIV/エイズ、マラリア、その他の疫病の蔓延防止	6.A:2015年までに、HIV/エイズのまん延を阻止し、その後、減少させる。
	6.B:2010年までに、必要とするすべての人々は誰もがHIV/エイズの治療を受けられるようにする。
	6.C: 2015年までに、マラリアその他の主要な疾病の発生を阻止し、その後、発生率を下げる。
7:環境の持続可能性の確保	7.A:持続可能な開発の原則を各国の政策やプログラムに反映させ、環境資源の喪失を阻止し、回復を図る。
	7.B:生物多様性の損失を抑え、2010年までに、損失率の大幅な引き下げを達成する。
	7.C:2015年までに、安全な飲料水と基礎的な衛生施設を持続可能な形で利用できない人々の割合を半減させる。
	7.D:2020年までに、最低1億人のスラム居住者の生活を大幅に改善する。

目標	ターゲット
8:開発のためのグローバル・パートナーシップの構築	8.A:開放的で、ルールに基づいた、予測可能でかつ差別のない貿易および金融システムのさらなる構築を推進する。
	8.B:後発開発途上国の特別なニーズに取り組む。
	8.C:内陸開発途上国および小島嶼開発途上国の特別なニーズに取り組む。
	8.D:開発途上国の債務に包括的に取り組む。
	8.E:製薬会社との協力により、開発途上国で必須医薬品を安価に提供する。
	8.F:民間セクターとの協力により、情報通信技術をはじめとする先端技術の恩恵を広める。

参考文献

原著が外国語で日本語訳が発行されている場合には、日本語訳のみ記載しています。

[国連および関連機関発行]
掲載の順序はレポート類の体系を重視し、識別しやすいようにアンダーラインを付してあります。

「我々の世界を変革する：持続可能な開発のための2030アジェンダ」　国連著　外務省仮訳　2015年
「指標」　国連統計局著　総務省仮訳　2017年
「SDGsとは？　17の目標ごとの説明、事実と数字」　国連著　国連広報センター訳　2018年
「持続可能な開発目標（SDGs）報告2019-概要」国連著　国連広報センター訳　2019年
「持続可能な社会のためにナマケモノにもできるアクション・ガイド」　国連著　国連広報センター訳　2018年
「SDG Compass：SDGsの企業行動指針～SDGsを企業はどう活用するか」　GRI、UNGC、wbcsd著　（公）地球環境戦略研究機関（IGES）　GCNJ訳　2016年
「SDGsに関するビジネス・レポーティング～SDGsを企業報告に統合するための実践ガイド」GRI、UNGC、wbcsd著　（公）地球環境戦略研究機関（IGES）訳　2018年
「ＳＤＧｓに関するビジネス・レポーティング～ゴールとターゲットの分析」　GRI、UNG、PwC著　（財）国際開発センター訳　2017年
'Business Reporting on the SDGs: In Focus: Addressing Investor Needs in Business Reporting on the SDGs' GRI、ＰＲＩ, UNGC 2018
'Blueprint for Business Leadership on the SDGs ～A Principles-Based Approach 'UNGC 2017
「SDG　Industry Matrix～産業別SDG手引き～」UNGC、KPMG 2016
「未来につなげるSDGsとビジネス～日本における企業の取り組み現場から」　GCNJ、IGES著　2018年

[日本政府発行]
「持続可能な開発目標（SDGs）実施指針」　SDGs推進本部著　2016年
「SDGsアクションプラン2019」　SDGs推進本部著　2018年

[レポート類]
「気候変動を知る～動き始めた資本市場・情報開示」　日本公認会計士協会著　2019年
「共通価値の戦略」　マイケル・ポーター、マーク・クラマー著　ダイヤモンド・ハーバードビジネス・レビュー誌、2011年11月号　ダイヤモンド社　2011年
「サステナビリティ報告におけるマテリアリティに関する現状と課題～効果的なＥＳＧ情報開示に向けて」　日本公認会計士協会　2018年
「Navigating the SDGs: SDGsビジネスガイド－国連のグローバル目標に関与するためには」PwC著　PwC Japan訳　2017年
「Sustainable Development Report 2019, includes SDG Index and Dashboards」Bertelsmann Stiftung and SDSN著　2019年

[単行本]
『〈新版〉【松原流】戦略マップ／BSCとOKRの連携教本』　松原恭司郎著　日刊工業新聞社　2018年
『図解「統合報告」の読み方・作り方』　松原恭司郎著　中央経済社　2014年
『ビジネスモデル・マッピング教本』　松原恭司郎著　日刊工業新聞社　2013年
『未来を変える目標ーSDGsアイデアブック』　（社）Think the Earth編著　紀伊國屋書店　2018年
『ミレニアム開発目標』　「動く→動かす」編　合同出版　2012年
『FACTFULNESS』　ハンス・ロスリング他著　上杉周作他訳　日経ＢＰ社　2019年
『SDGsが問いかける経営の未来』　モニター・デロイト編　日本経済新聞出版社　2018年

Index

索引

インパクト……158、160
インフラ……98、100
飲料水……80
衛生……80
エシカル消費……120
エネルギー効率……88
エネルギー消費……116
温室効果ガス……86、122

か行

海洋……128
海洋汚染……130
海洋プラスチックごみ……132
格差……104
感染症……64
飢餓の問題……56
企業行動憲章……16
気候変動……122
基本的衛生サービス……80
極度の貧困……50、52
グローバル指標……160
経済的格差……104
公害……112
国際連合広報センター……174
国連グローバル・コンパクト……36、42、174
国連持続可能な開発サミット……12
国連ミレニアムサミット……12
コミュニケーション……172

さ行

サーキュラーエコノミー……120
災害……80、112
再生可能エネルギー……86、116

数字・アルファベット

2030アジェンダ……10、28
5歳未満児の死亡率……62
5つのP……30
5つの重要領域……30
BSC……164
CSR……10、20
CSV……16、20、152、154、156
ESD……14、70、72
ESG……16、18
ESG投資……18
GPIF……16
MDGs……34
ODA……150
PRI……18
SCP……118
SDG Compass……36、156、160
SDGs……10
SDGsインデックス&ダッシュボード・レポート……38
SDGsウオッシュ……24、44
SDGs実施指針……36、40
SDGs推進本部……16、40、174
SDSN……38
TBL……20
TCFD……126
UHC……66
UNIC……174
UNGC……36、42、174

あ行

アウトカム……160、164
遺産の保護・保全……112
イノベーション……100

た行

ターゲット・レベル……32
誰一人取り残さない……28
地域エコシステムの支援……170
地球……30
ディーセント・ワーク……92、94
同一労働同一賃金……96
統合報告……118
統合報告書……172
都市問題……110
トリプル・ボトムライン……20

な行

人間……30
妊産婦死亡率……62

は行

パートナーシップ……30、146
働き方改革……96
バックキャスティング……22
バランス・スコアカード……164
バリューチェーン……168
バリューチェーン・マッピング　158
非感染症……64
貧困問題……50
ファクトフルネス……22、46
平和……30、142
ベルテルスマン財団……38
包括的な制度……140

ま行

マイクロプラスチック……132
マテリアリティ……162
マテリアリティ・マトリックス　162
水の汚染……116
目標……32
目標のアイコン……26

再生可能エネルギー比率……88
サプライチェーン……118、168
産業化……100
ジェンダー……74
ジェンダー平等……74、76、78
ジェンダーの不平等……92
システム思考……22
自然災害……114
持続可能な開発のための教育
……70、72
持続可能な開発目標推進本部…174
持続可能な生産と消費……118
持続可能な農業……58
指標……32
司法へのアクセス……140
社会的格差……104
重要性……162
手段……148
循環型社会……120
少子高齢化……66
食品ロス……60、116
女性のエンパワーメント……76
初等教育の就学率……68
人権……144
人生100年時代……66
ステークホルダー……14、40
スマート農林水産業……102、138
スラム……110
生産性……98
製品／サービスの開発……166
生物多様性……136
責任投資原則……18
戦略テーマ……164、168、170
戦略のストーリー
……164、166、168、170
戦略マップ…164、166、168、170
戦略マネジメント……156
相対的貧困……52、54

目標の相互関連性……………………44
モニタリング………………………148

や行

豊かさ……………………………………30
ユニバーサル･ヘルス･カバレッジ…66

ら行

陸域生態系………………………136
倫理的消費………………………120
レッドリスト……………………138
ロジックモデル…………………160

索引

●著者紹介

松原　恭司郎（まつばら　きょうしろう）

キュー・エム・コンサルティング取締役社長。公認会計士。クライメート・リアリティ・リーダー。SBI大学院大学客員教授、元 中央大学大学院特任教授。

ビジネスモデル、戦略、パフォーマンス・マネジメント、開示など、企業のSDGsへの貢献を支援するセミナー、コンサルティング活動を行っている。

主な著書に『＜新版＞松原流：戦略マップ／BSCとOKRの連携教本』『ビジネスモデル・マッピング教本』『ROE重視のKPIマネジメント入門』（以上、日刊工業新聞社）、『図解「統合報告」の読み方・作り方』（中央経済社）など多数。

メールアドレス：matsuqmc@blue.ocn.ne.jp

●本文イラスト　加藤華代

図解《ずかい》ポケット
SDGs《エスディージーズ》がよくわかる本《ほん》

発行日　2019年12月15日　第1版第1刷
　　　　2021年 9月 1日　第1版第5刷

著　者　松原《まつばら》 恭《きょう》司《し》郎《ろう》

発行者　斉藤　和邦
発行所　株式会社　秀和システム
〒135-0016
東京都江東区東陽2-4-2　新宮ビル2F
Tel 03-6264-3105（販売）Fax 03-6264-3094
印刷所　日経印刷株式会社　Printed in Japan

ISBN978-4-7980-5997-6 C0036

定価はカバーに表示してあります。

乱丁本・落丁本はお取りかえいたします。

本書に関するご質問については、ご質問の内容と住所、氏名、電話番号を明記のうえ、当社編集部宛FAXまたは書面にてお送りください。お電話によるご質問は受け付けておりませんのであらかじめご了承ください。